Marketing für Scannerpersönlichkeiten im Online Business

DAS HANDBUCH
für Umsatz und Erfolg mit Leichtigkeit

von Barbara Ihlenfeldt

Marketing für Scannerpersönlichkeiten im Online Business

DAS HANDBUCH

Bibliografische Information der Deutschen Nationalbibliothek:
Die Deutsche Nationalbibliothek verzeichnet diese Publikation
in der Deutschen Nationalbibliografie; detaillierte bibliografische Daten sind im Internet über http://dnb.dnb.de abrufbar.

© 2023 Barbara Ihlenfeldt
Herstellung und Verlag: BoD – Books on Demand, Norderstedt

ISBN: 978-3-7578-8991-3

INHALT

VORWORT

Ich habe dieses Buch auf eine ganz bestimmte Art geschrieben. Die Art, Informationen aufzubereiten, die DEIN Gehirn am besten verarbeiten kann. Dieses Buch ist für Scannerpersönlichkeiten geschrieben. Wenn Du nicht sicher bist, ob Du dazu gehörst, wirst Du es bald herausfinden: Scanner denken schneller als der Rest der Menschen. Sie haben eine unglaublich schnelle Auffassungsgabe und wissen schon, was das Gegenüber ausdrücken will, bevor derjenige eine Chance hat, seinen Satz zu beenden. Vielleicht hast Du Dich eben schon dabei ertappt.Scannern fällt es schwer, zuzuhören und sie plappern viel. Scanner sind offenherzige, pragmatische Menschen, die es gewohnt sind, Dinge einfach selbst zu erledigen. Scanner sind Macher und Gestalter. Scanner sprudeln voll tausender Ideen.

Blöderweise braucht es besonders im Marketing Skills, die nicht unbedingt im Naturell jedes Scanners liegen: Man muss genau zuhören. Man muss sich extrem kurz und prägnant ausdrücken können. Man muss auch mal die Klappe halten können. Man muss das Gegenüber mitnehmen, bei dem was man gerade denkt, und darf nicht voraussetzen, dass der andere gedanklich ja auch schon drei Schritte weiter ist. Man muss auswählen können, welche Idee wirklich relevant und welche einfach ein Gedankenspiel ist. Scanner sehen meistens die Lösung nicht, die am nächsten liegt. Das nennen wir "Scanner Weitsichtigkeit".

Außerdem erkennst Du Dich vielleicht auch als Wissenssammler wieder. Du liebst es, neue Dinge zu lernen und saugst alles auf wie ein Schwamm. Deine Herausforderung ist nicht, dass es Dir an Input fehlt, sondern an Struktur und einem roten Faden, um die vielen Ideen und Ansätze zu kanalisieren.

Gib Dir hier und heute das Versprechen, dieses Buch nicht als Teil deiner Wissens-Hamsterei nach ein paar Kapiteln zur Seite zu legen. Bleib dran. Lies es zu Ende. Setze alle Aufgaben und Übungen um. Und wenn Du merkst, Du kommst nicht weiter: HOL DIR UNTERSTÜTZUNG. Es reicht jetzt mit der Ausprobiererei. Dein Commitment macht den Unterschied, ob dieses Buch am Ende in Gold aufgewogen wird, oder ob diese Zeilen das Papier nicht wert sind, auf dem sie gedruckt sind.

Du wirst in diesem Buch viele Methoden finden, die aus Dir ein Marketing Genie machen werden. Wenn Du lernst,

Deine individuellen Stärken zu nutzen, Dein Potential heraus zu polieren und ihm auch den Platz zu geben, zu wirken. Wenn Du lernst, Deine blinden Flecken aufzudecken und Deinen Skill Werkzeugkasten zu füllen.

Du weißt, worin Du gut bist und Deine Kunden sind glücklich mit Dir.

Unser Ziel hier ist, die Phase in Deinem Business hinter uns zu lassen, in der Du Dich von einem Kurzauftrag zum nächsten hangelst, in der fast nur Mund-zu-Mund-Propaganda Deine Kurse füllt, in der Du ständig das Gefühl hast, zu teuer zu sein.

Wenn Du die Prinzipien aus diesem Buch konsequent anwendest, wirst Du spüren, was es heißt, ein Marketing SYSTEM aufzubauen, das den "FLOW" hat:

Ich liebe den Moment, wenn meine Kundinnen mir schreiben: "Wow, jetzt fühlt es sich auf einmal alles so einfach an!"

Wenn sie spüren, wie alles ineinander greift.

Im Grunde ist das keine "Magic", es fühlt sich aber so an.

Bist Du immer noch unsicher, ob Du ein waschechter Scanner bist?

Mache hier den Test!

Du bist ein begeisterungsfähiger Mensch, der eigentlich an allem etwas Interessantes findet?

Andere Menschen fragen Dich regelmäßig, woher Du Deine ganze Power hast?

(Technische) Detailarbeit liegt Dir eher nicht?

Du hast eine schnelle Auffassungsgabe?

Bei Gruppenarbeiten oder Projekten mit anderen bist Du normalerweise die schnellste Person und "ziehst den Karren"?

In einem Gespräch redest Du gerne und manchmal fällt es Dir schwer, Dein Gegenüber zu Wort kommen zu lassen?

Du wirst schnell ungeduldig, wenn Du etwas langfristig tun musst, ohne dass ein Ergebnis sichtbar wird?

Du hinterfragst Autoritäten und magst es nicht, Anweisungen blind zu befolgen?

Du hast das Gefühl, dass ein konventioneller Lebensweg nicht das ist, was Dich glücklich macht.

Du hast das Gefühl, Du warst schon immer etwas "besonders" oder "anders"?

Wenn Du mehr als sechs dieser Aussagen zustimmst, dann steckt in Dir ein echtes Scanner Hirn.

Lass uns Deine einzigartigen Stärken nutzen!

TEIL EINS

Das System

GRUNDDISZIPLINEN

Was Du Dir wünschst, ist einen Weg für Dein Marketing zu finden, der zu Dir passt und der für Dich erfolgreich funktioniert.

Lass uns das noch um einen Aspekt erweitern:

Wir gestalten Marketing und Strategie so, dass Dir die Prozesse und klare Strukturen den Rücken freihalten.

Du sollst Dich in der Ausgestaltung Deiner Ideen auf Deine Stärken konzentrieren können und mit Spaß Dein Business ausbauen.

Was Dir dabei die nötige Freiheit und Entspanntheit gibt und was Dir ermöglicht, Dich darauf zu verlassen, dass es läuft, ist eine gute Struktur.

Dadurch, dass Du weißt, was Du tun musst, um zu erreichen, was Du willst, schaffst Du Klarheit im Innen.

Klarheit im Innen sorgt für (Selbst-)Vertrauen, eine seriöse, zuverlässige Ausstrahlung und damit auch für Klarheit im Außen.

Klarheit im Außen bedeutet, dass es Dir mit den entsprechenden Methoden leichtfallen wird, Deine Messages und Angebote auf den Punkt zu formulieren.

Und das sorgt dafür, dass Dein Marketing und Deine Kundengewinnung planbar, steuerbar und zuverlässig funktionieren wird.

Wir brauchen also zwei Komponenten, die ineinandergreifen, um eine solche Struktur zu gestalten:
Mindset & Marketing Werkzeuge.

In den folgenden Kapiteln widmen wir uns beidem, denn das Eine kann Dich ohne das Andere nicht nachhaltig nach vorne bringen:
Ein starkes Mindset bringt Dir nur dann Erfolg, wenn Du auch genau weißt, was Du tun musst.
Die richtigen Methoden und Marketing Werkzeuge bringen Dir nur Erfolg, wenn Deine Intention, Ausstrahlung und Kommunikation stimmt und Du im Innen richtig ausgerichtet bist.

Lass uns aber von vorn beginnen und uns den Status Quo anschauen:

Wieso steckst Du gerade fest?

Du hast schon eine Menge Bücher gelesen und Kurse besucht, die alle ein Riesenproblem gemeinsam hatten:

Sie haben Dir erlaubt, konsequent **beinahe richtig und falsch genug** zu agieren.

Der größte Frust stellt sich erfahrungsgemäß nämlich dann ein, wenn man zu lange alles zu 90% richtig macht. 90% richtig bedeutet in dem Fall nämlich nicht, dass man schon 90% der Ergebnisse sieht, die man sich wünscht. Sondern in der Regel nur 10%.

Das ist der wichtigste Punkt in Deiner Marketing Strategie:

Knapp daneben ist auch vorbei.

Und setzt Du seit längerem alles zu 90% richtig, also zu den entscheidenden 10% FALSCH um, dann bist Du wahrscheinlich kurz davor, ALLES in Frage zu stellen:

„Meine Kunden haben halt kein Geld."
„In meiner Branche gibt es halt so viel Konkurrenz."
„Ich bin einfach nicht so diszipliniert wie meine Konkurrentin xy."
„Meine Kunden wollen einfach keine Kurse kaufen."
„Vielleicht muss ich mich spitzer positionieren."
„Vielleicht muss ich mich breiter positionieren."

Die gute Nachricht ist:
ALLES musst Du gar nicht umwerfen. Deine 90% darfst Du behalten. Machen wir uns also an die Arbeit, Deine 10% zu 100% richtig auszurichten.
Statt "Knapp daneben ist auch vorbei" also "Mitten in Herz und Hirn Deiner Zielgruppe".

Ich habe an der Stelle eine Nachricht für Dich, die in Dir vielleicht gemischte Gefühle auslöst:
Das meiste unserer Arbeit wird einfache Fundamentarbeit sein.
Von "Och neee, schon wieder Zielgruppenarbeit!" bis "Jippieh! Endlich mal richtige Zielgruppenarbeit!" darf an der Stelle alles an Reaktion dabei sein.

Am Ende dieses Buches wird es Dir wie Schuppen von den Augen fallen, wie einfach es gewesen wäre, gleich von Anfang an richtig hinzuschauen und Dein Marketing messerscharf aufzubauen.
Ich korrigiere mich: **Simpel, nicht einfach.**

Die Grunddisziplinen von starkem Marketing umfassen:

Zielgruppenarbeit
Positionierung
Kommunikation
Reichweite & Sichtbarkeit

ZIELGRUPPENARBEIT

Gute Zielgruppenarbeit wird von kaum einem Marketing Coach da draußen WIRKLICH mit seinen Kunden implementiert. Warum? Weil es zeitaufwendig ist. Vor allem für den Coach. Man muss Energie investieren, den Dingen auf den Grund zu gehen. Versuche in diesen Übungen, Dein eigener Coach zu sein. Geh in die Außenperspektive und hinterfrage Deine Erkenntnisse so, wie ich es Dir gleich zeigen werde.

Kurzer Disclaimer: Das ist natürlich nicht ganz einfach und gelingt nur bis zu einem bestimmten Grad. Immerhin bist Du immer noch Du und stark mit Deiner eingeschränkt sehenden Innenperspektive verbandelt. Du kannst nicht wirklich **unvoreingenommen** sein.

Deswegen:

Wenn Du das Gefühl hast, in diesem Bereich liegt das Gold für Dich und Du brauchst Unterstützung dabei, das in der

Umsetzung auch anzuwenden, dann blättere weiter **auf Seite 138. Dort findest Du den Link zum Online Begleitmaterial zum Buch.**

Zurück zur Zielgruppe:

Gute Zielgruppenarbeit kann eine ganze Menge. Kann eigentlich alles. Wenn Du nur eine Disziplin meisterst in Deinem Leben, dann bitte diese. Was ist nämlich der mächtige Effekt davon, seine Zielgruppe genau zu kennen?

Wenn Du nur die oberflächlichen Punkte wie Ziele und Wünsche, Schmerzen und Probleme, wie alt sie sind, was ihr Bildungsstand ist, ihr Beruf, ob sie Kinder haben etc. beschrieben hast, hören die meisten auf zu fragen und geben Dir eine Eins mit Stern. Blöd, dass Du so im Marketing höchstens aus Versehen grob die richtigen Menschen ansprichst. Und selbst dann wird es Dir schwer fallen, ein neues Angebot oder eine Systematisierung einzuführen, weil Du, wenn überhaupt, höchstens unterbewusst das Richtige tust.

Was unser Ziel ist aufzudecken, sind die auch für Deine Zielgruppe meistens unterbewussten ENTSCHEIDUNGSHEBEL und GEDANKENMUSTER.
Wir wollen wissen, was **genau** Deine Zielgruppe in einer ganz bestimmten Situation fühlt und denkt und warum. Und

vor allem an welchem Punkt sie eine (Mikro) Entscheidung trifft.

Am Ende vieler Mikro Entscheidungen auf Deiner Kundenreise steht die ultimative Entscheidung: Die Kaufentscheidung. Und die soll am Ende ja fallen!

Vielleicht hast Du die Begriffe "Kundenreise" oder "User Journey" schon mal gehört. Im Prinzip beschreibt man damit den Prozess, den Dein Gegenüber vom völlig Fremden zu Deinem Kunden durchläuft.

Unpraktisch ist, dass in den üblichen Bildern, die meistens als schön geschwungene oder gerade Linie dargestellt sind, absolut keine Hürden visuell oder inhaltlich eingezeichnet werden.

Um das zu korrigieren, lass uns folgendes Bild benutzen:

Stell Dir vor, Du stehst oben auf einer Klippe im Grand Canyon und wedelst mit Deinem Knaller-Angebot. Du schreist es von der Klippe.

Jetzt kommt von links ganz frisch ins Bild: Dein potentieller Kunde, Deine Zielgruppe. Der steht ganz unten im Canyon und schaut zu Dir nach oben. Er sieht auch, dass Du mit einem Angebot wedelst. Er versteht auch, was Du rufst, und dass das, was Du da hast, sinnvoll für ihn ist (grundsätzlich hast Du Deinen Job gut gemacht und könntest ein Problem, das er hat, lösen).

Und trotzdem kann diese arme Person nicht zu Dir nach

oben gelangen. Die Klippe ist zu hoch und die Wand ganz glatt.

Die einzige Option wäre, 150m hoch zu springen oder zu fliegen. Und beides ist einem Menschen wie Du weißt nicht möglich. Was also tun?

Dein Job als Anbieter ist es, Deinem Gegenüber zu helfen, diese Klippe zu überwinden.

Wir bauen also eine Treppe. Stufe für Stufe, sodass die Person zu uns und unserem Angebot kommen kann.

Nun ist das richtige Treppendesign aber elementar, um sicherzustellen, dass der Weg auch wirklich geeignet ist für Dein Gegenüber.

Kardinalfehler Nummer eins wäre natürlich, nur einige Treppenstufen zu bauen und ein paar in der Mitte auszulassen, weil Du sie nicht für so wichtig empfindest. Dann kommt Deine Zielgruppe zwar ein Stück weit zu Dir hoch, bleibt dann aber irritiert vor diesen fehlenden Stufen und dem plötzlichen Abgrund stehen: Sie kommen dann natürlich nicht weiter.

Beispiel aus der Praxis: Du hast einen tollen Social Media Auftritt und eine tolle Landingpage für Dein Angebot- aber Du sprichst nie über den Link dorthin oder er ist so versteckt, dass ihn kein Mensch freiwillig sucht oder finden kann.

Ein weiterer Fehler wäre, sich das Treppendesign von jemandem anderen abzuschauen oder einem Plan zu folgen, der darauf aufbaut, dass Du Deine Zielgruppe nur "ganz gut" statt "ganz genau" kennst. Denk daran: Knapp daneben ist auch vorbei!

Was nämlich ein gutes Treppendesign ausmacht ist, dass es genau auf die Bedürfnisse des Treppensteigers angepasst ist: Vielleicht ist derjenige schlecht zu Fuß und kann nur extrem flache Treppenstufen betreten.

Beispiel aus der Praxis: Du hast es mit einem extrem vorsichtigen Typen zu tun, der sehr langsam Vertrauen aufbaut und bei zu offensiven Angeboten zurückschreckt wie ein "SCHEUES REH".

Vielleicht ist es aber auch ein Extremsportler, ein "HAI", der sich ohne den gewissen Kick langweilt und dann gar keine Lust hat, Deine Treppe zu besteigen. Der braucht schroffe, hohe Stufen mit Ösen für Kletterseile.

Beispiel aus der Praxis: Selbstbewusste, erfahrene Typen, die sofort zur Lösung wollen und nicht langes um den heißen Brei Gerede brauchen können. Das Schlimmste, was Du machen kannst, ist solche Leute auf eine Warteliste oder in einen Newsletter vertrösten zu wollen.

Du siehst also, solche Überlegungen gehen schon in die Richtung, die HANDLUNGS- und GEDANKENMUSTER Deiner Zielgruppe zu kennen.

Würzen wir das Ganze noch mit den ENTSCHEIDUNGSHEBELN:

Stell dir vor, ab einem gewissen Punkt ist der Mensch mit dem Fußproblem bereit, seine Krücken wegzuwerfen, weil er verstanden hat, dass er Deine Treppe gefahrlos betreten kann und will den Rest der Treppe nun schnellstmöglich erklimmen.

Beispiel aus der Praxis: Jemandem wird ständig erzählt, dass Self Care so wichtig ist, und dann hört er von Dir endlich "was glaubst Du, wie sich Deine Kinder fühlen, wenn Du nicht mehr an allem herummäkelst..." Boom- das war der entscheidende Hebel, den die Person gebraucht hat, um ins Tun zu kommen.

Diesen Punkt zu identifizieren ist der absolute Key für Dich! Leg das Buch rasch zur Seite und schau Dir mit dem Bild der Treppe im Hinterkopf an, ob Du schon beschreiben kannst, an welcher Stelle Deine Zielgruppe an diesen Punkt kommt, an dem sich das Verhalten ändert.

Entscheidungshebel können auch zu mehreren in einer Kundenreise auftreten.
Es ist selten ein einzelner großer Hebel, sondern ggf. musst Du mit fast jeder Deiner Stufen eine Entscheidung unterstützen und begleiten:

Stell Dir jemanden vor, der schon x (schlechte) Anbieter zu seinem , bzw. zu Deinem, Thema gesehen hat. Der Klassiker wäre z.b. über Instagram Marketing auf Instagram zu sprechen.
Dann hat Dein Gegenüber wahrscheinlich eine extrem ausgeprägte Gewohnheit entwickelt, alles zu diesem Thema auszublenden.
Das heißt, Du musst zuallererst die Entscheidung erzeugen,

Dir überhaupt Aufmerksamkeit zu schenken. Der Content, den Du Dir dazu überlegst, wäre in diesem Bild die entsprechende Treppenstufe.

Wie Dir sicher nicht entgangen ist, haben wir bereits ein paar PERSÖNLICHKEITSTYPEN kennengelernt. Wir sprachen vom „SCHEUEN REH" und vom „HAI".

Wieviele Persönlichkeitstypen gibt es und was macht sie aus?

Tatsächlich gibt es in der Literatur und von Experten mehrere unterschiedliche Modelle zu Persönlichkeitstypen, die sich in der Regel überschneiden.

Ich werde Dir die Modelle vorstellen, die ich mit meinem Hintergrund in der Nutzerpsychologie selbst nutze und Dir erklären, wie ich sie erweitert habe.

Grundsätzlich ist es nämlich nicht so, dass es die eine Wahrheit, das eine Muster gibt, das „stimmt", sondern es ist einfach ein weiteres Tool in Deinem nutzerpsychologischen Werkzeugkasten, das nicht beleidigt ist, wenn wir es für Deine Zwecke genau so nutzen, wie Du es brauchst.
Unser Ziel ist nicht, ein Modell akademisch korrekt durchzudeklinieren, sondern mit Hilfe der Bilder in diesen Modellen DEIN ZIELGRUPPENVERSTÄNDNIS bunter, lebendiger und plastischer zu machen.

Das Vier Farben Modell nach Thomas Erikson:

Dies ist wohl eines der bekanntesten Modelle. Jedem Persönlichkeitstyp wird eine Farbe zugeordnet.

Rote Typen sind dominant, ehrgeizig und schnelle Entscheider. Sie langweilen sich schnell, wenn etwas zu lange dauert und sind keine besonders aufmerksamen Zuhörer. Man könnte sie auch als Egozentriker bezeichnen.

Gelbe Typen sind offene, leidenschaftliche Menschen, die eine große „Hin-zu" Motivation mitbringen. Sie haben gerne Spaß und Leichtigkeit im Leben. Auch sie sind von der schnellen Entscheider Sorte UND entscheiden oft „aus dem Bauch heraus".

Grüne Typen sind freundliche, ruhigere, spirituelle Typen, die gerne mal in eine Entscheidung „hineinfühlen". Sie haben oft eine große Verbundenheit zu ihren Werten und brauchen bei Entscheidungen ihre Zeit.

Blaue Typen sind die Analytiker und Denker, die sich als absolute „Kopfmenschen" bezeichnen würden. Ihnen sind umfangreiche, genaue Informationen wichtig und sie lesen sich Veträge und AGBs tatsächlich durch!
Auch sie können ihre Zeit bei Entscheidungen brauchen und wollen vor allem das Gefühl haben, alles wasserdicht

abgeklärt und gesichert zu haben.

Wie Du siehst sind sich manche Typen ihrer Eigenschaften nach ähnlicher, und andere sind eher das waschechte Gegenteil voneinander.
Trotzdem existieren alle vorstellbaren Kombinationen der Farbtypen.
Dein Lieblingskunde muss nicht unbedingt eine Reinform eines dieser Typen sein, finde daher die passendste Kombination.

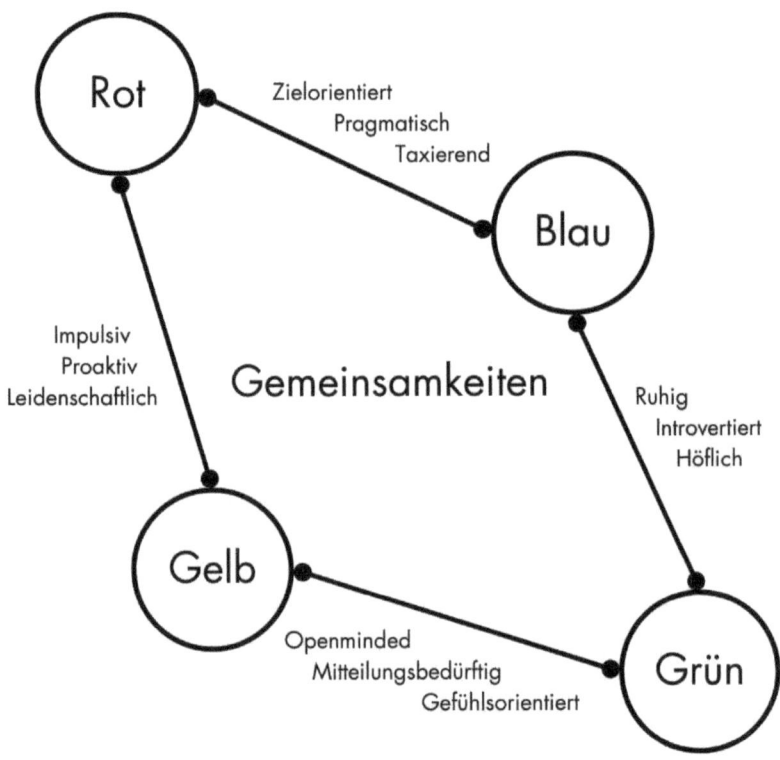

Das Tiermodell nach Tobias Beck:

Noch schöner, als mit relativ neutral anmutenden Farben, lassen sich gewisse Eigenschaften mit Tieren verknüpfen. In diesem Modell sind es wiederum vier Typen, einen davon hast Du bereits kennengelernt:

Der „Hai" ist ein Typ, der gerne kleinere Fische schluckt. Sehr ehrgeizig und kapitalistisch veranlagt beurteilt er Situationen eiskalt und entscheidet, ob ein echter Vorteil für ihn selbst drin ist oder nicht.
Ein Hai will sein Ziel erreichen, und sucht dafür den allerschnellsten Weg. Ihn interessiert nicht, ob Du Dich verspätest, weil Du mit Deinem Hamster noch zum Tierarzt musstest.
Für einen Hai zählen Ergebnisse und er ist ein ungeduldiges Tier - äh, Mensch!

Der „Delfin" ist immer auf der Suche nach Spaß und Konfetti. Bunte Grafiken holen ihn ab, denn sein „Auge isst mit".
Bei einem Delfin darfst Du nicht lange erklären.
Seine Aufmerksamkeitsspanne ist nicht besonders hoch.
Lieber hört er sich selbst reden und erzählt von seinem letzten Abenteuer.
Sein Bauchgefühl lenkt ihn bei all seinen Entscheidungen und ein bisschen Adrenalin darf immer dabei sein. Nichts hasst er so, wie Langeweile.

Der **„Wal"** ist ein sehr sozialer Typ. Er kümmert sich zuerst um andere, und dann um sich selbst, oder ist auf der Suche nach Zugehörigkeit, Harmonie und Sicherheit. Du überzeugst diesen Typen, indem Du das große Ganze mitdenkst. Welche Auswirkung hat seine Entscheidung auf seine Familie? Auf seine Kunden? Auf seinen CO_2 Fußabdruck?

Die Eule erklärt sich dankbarer Weise praktisch von selbst: Bücherwürmer, Nerds, Menschen, die Mathe mögen. Das sind Eulen.

Eulen lieben Dokus und Fortbildungen und haben immer gespitzte Stifte dabei. Eulen sind kleine Klugscheißer und deifinieren sich über ihr Wissen, aber vor allem über ihren Titel, Abschlüsse und Zertifikate.

Wahrscheinlich fragt Dich die Eule, bevor sie bei Dir bucht, was Du studiert hast und mit wievielen Kunden Du bisher zusammengearbeitet hast. Um eine Entscheidung treffen zu können braucht die Eule das Gefühl, alles ganz genau zu wissen.

Spätestens jetzt wirst Du viele Assoziationen im Kopf haben, worin Du Dich oder Deine Zielgruppe wiedererkennst. Aber lass uns noch einen draufsetzen, es sind nämlich noch ein paar Ergänzungen fällig.

Dabei ging es mir darum, weitere Entscheidungsmuster abbilden zu können, die sich in der Praxis recht häufig zeigen:

Ergänzendes Tiermodell nach Barbara Ihlenfeldt:

Ein **„Scheues Reh"** ist jemand, der insagesamt ungern Entscheidungen trifft. Sie zucken bei Konfrontation regelrecht zusammen und sind nicht die Typen, die viel unter Beiträgen kommentieren. Dafür öffnen sie sich schnell im persönlichen Austausch, wenn sie einmal Vetrrauen gefasst habem. Scheue Rehe brauchen Zeit und viel Behutsamkeit. Diese Zielgruppe erfodert mehr als jede andere, dass Du Dich voll auf sie und ihre Bedürfnisse einlässt. Mit einem Skript und einer „da musst Du jetzt halt durch" Einstellung, wirst Du diese Menschen nicht für Dich gewinnen.

Beachte, dass Scheue Rehe in ihrer Extremform noch nicht bereit sind, sich zu verändern. In diesem Fall solltest Du sie nicht jagen, sondern Deine Zielgruppe so anpassen, dass Du es Dir selbst etwas einfacher machst.

Der **„Golden Retriever"** will hauptsächlich gefallen (Dir, sich selbst und möglicherweise seinen Eltern) und Dein Freund sein.

Manchmal weißt Du bei diesem Typ nicht ganz, woran Du bist, weil sie echte Superfans zu sein scheinen, aber noch nicht kaufen. In dem Fall kann ein spritziges Einstiegsangebot genau das sein, was sie im Moment brauchen. Wirf ab und zu einmal den metaphorischen Ball, sie brauchen Abwechslung und wollen sich unterhalten lassen. Challenges, Rabatt Aktionen und Gewinnspiele sind ihr Ding.

Gewinnst Du sie als Kunden, sind sie loyale Bestandskunden und werden Dir lange erhalten bleiben.

Auch die Tiermodelle haben Ähnlichkeiten untereinander und lassen sich wiederum mit dem Farbmodell kombinieren. Durch solche Visualisierungen zeigen sich klare Abgrenzungen zu Eigenschaften, die Deine Zielgruppe von anderen Menschen unterscheiden.

Diese Unterschiede und Gemeinsamkeiten sind ebenfalls wichtig zu kennen und benennen zu können, um Dein Zielgruppenverständnis weiter zu schärfen.

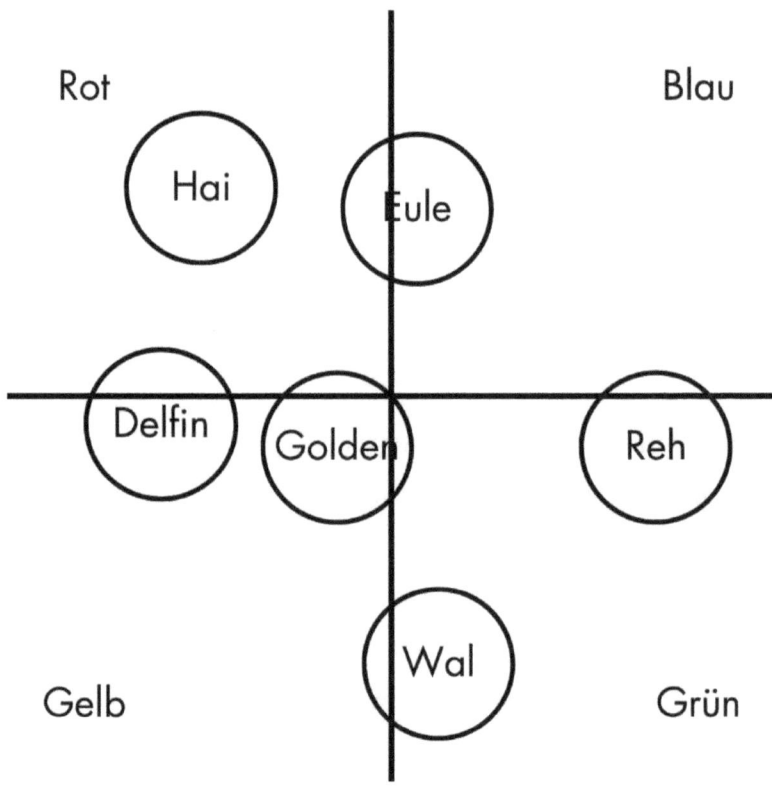

Sprich in der Kommunikation nach außen auch über das, was Deine Zielgruppe anders macht als den Rest der Welt. Das stärkt das Zugehörigkeitsgefühl zu Deiner Community ungemein.

Bei all diesen Modellen geht es einzig darum, Metaphern zu schaffen und Eigenschaften besser ausdrücken zu können. Hab' ein bisschen Spaß damit! Vermische Tiere, die eine neue Kombination ergeben! Vielleicht ist Dein Lieblingskunde ein nachtaktiver Flug-Hai?

Oder finde neue Bilder, wie dieses, das ist was für echte Nerds: Stell Dir vor, in welchem „Haus" in Hogwarts Deine Zielgruppe zur Schule gegangen ist.

Wahrscheinlich ist Dein Bild von Deiner Zielgruppe nun schon um einiges runder geworden. Sehr gut! Wir wissen nun also, WEN wir unsere „Treppe" zu uns hinauf begleiten wollen.

Das war aber noch nicht alles:

Ein weiteres Phänomen, über das niemand ausführlich genug spricht, sind HÜRDEN, die auf der Treppe auftauchen. Wir unterscheiden hier zwischen ÄUßEREN und INNEREN Hürden. Innere Hürden sind z.B. Glaubenssätze, die die Person auf ihre Treppenbesteigung mitnimmt, wie Steine in ihrem Rucksack. Das können all die Gründe sein, weshalb die Person bisher zur Lösung ihres Problems noch nicht aktiv geworden ist. Das können aber auch Gedanken sein, wie "zuerst muss ich noch…" oder "für mich ist xy zu haben eben nichts".

Diese Hürden musst Du mit Deinen Treppenstufen GEZIELT behandeln!

Äußere Hürden können zum Beispiel geringe zeitliche Ressourcen oder ein limitierender, Zweifel säender Lebenspartner sein. Auch das musst Du beim Bau Deiner Treppe wissen und berücksichtigen.

Im echten Leben sind Treppenstufen übrigens klassischerweise Content, Posts, Ads, die die Person von Dir zu sehen bekommt, besonders am Anfang. Auf der mittleren Strecke zählen natürlich auch Deine Landingpage, was aufploppt, wenn die Person googelt, und beim Endspurt üblicherweise persönliche Kontakte, Nachrichten mit Dir, Verkaufsgespräche, Kennenlerngespräche etc. Kurz: Alles, was ein "TOUCHPOINT" mit Dir oder dem Thema ist.

Das zeigt deutlich, wie viel Überlegung in den Aufbau dieser Treppe, also Dein Marketing, fließen muss und welchen Schaden es anrichtet, wenn man zu ungenau oder oberflächlich arbeitet. Es ist egal, ob die Treppe fast genau richtig gebaut ist. Bei jedem kleinen Stückchen, das zu steil gebaut ist oder wo sich eine Lücke auftut, wirst Du eine Menge Menschen verlieren, die dann lieber umkehren.

Wir müssen also genau herausfinden, mit wem Du sprichst, um ihre HANDLUNGS- und GEDANKENMUSTER, ihre ENT-SCHEIDUNGSHEBEL und ihre HÜRDEN zu erkennen.

Zu diesem Zweck lass uns vereinbaren, ab jetzt nicht mehr nur von Deiner ZIELGRUPPE, sondern nur noch von Deinen LIEBLINGSKUNDEN zu sprechen.

Zwischen diesen beiden Gruppen besteht nämlich ein gewaltiger Unterschied. Vor allem geprägt durch Deine eigene Wahrnehmung und Bewertung. Sprechen wir von Zielgruppe, so ist Dein Hirn dazu verführt, an alle Menschen zu denken, denen Du grundsätzlich helfen kannst. Sprechen wir aber konsequent von Deinen Lieblingskunden, trainieren wir Dein Gehirn darauf, beim Bau der Treppe und bei der Beschreibung der Menschen an die Personen zu denken, die Deine PERFECT MATCHES sind und mit denen Du am aller aller liebsten zusammenarbeiten **willst**.

Ein Beispiel aus der Praxis: Du stößt immer wieder auf das Problem, dass Deine Zielgruppe ziemlich preissensibel zu sein scheint. Wenige kaufen Deine Angebote bereits und sind auch zufrieden, aber die Masse der Rückmeldung trägt den Tonus: "Das ist mir zu teuer".

Was machst Du in der Regel, wenn Du an Deine ZIELGRUP-PE denkst? Du zermarterst Dir den Kopf, warum es für diese

Personen zu teuer ist, wie Du mehr Wert reinpacken kannst, ob sich Dein Angebot für einen höheren Preis überhaupt eignet...

Darum kreisen Deine Gedanken Wochen und Monate, bis sich in Dir ein Problem manifestiert hat, das Du gar nicht haben müsstest.
Eine Gruppe hast Du nämlich bei all dem vergessen:
Die Personen, die Dein Angebot schon gekauft haben und sehr zufrieden waren.

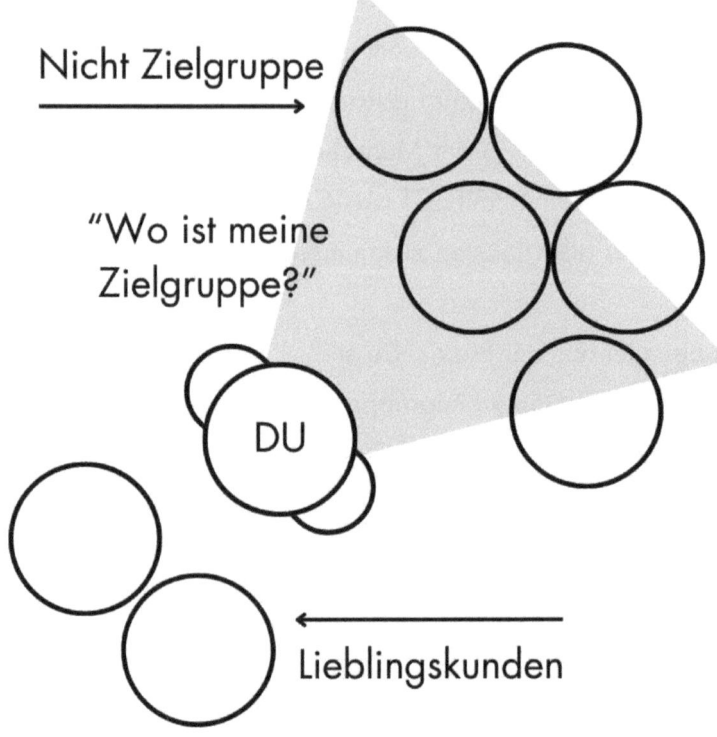

Selbst, wenn man kein spiritueller Mensch ist, kommt man nicht umhin, eine Verbindung zu erkennen:

Where focus goes, energy flows.
Worauf Du Dich fokussierst, das ziehst Du an.
Macht Sinn, oder?

Übe Dich also extrem darin, Deine selbstkonstruierten "Abers" in Deiner Zielgruppenarbeit nicht zu berücksichtigen. Und wenn Du denkst, Du darfst keine zu hohen Ansprüche an die Homogenität Deiner Lieblingskunden stellen, weil das „unrealisistsch" ist, dann sind hier zur Inspiration einige weitere Beispiele für vermeindtlich „unrealistische" Zielgruppen bzw. Lieblingskunden:

Es gibt Käufer für Luft in Tüten, die in den Alpen eingesammelt wurde.
Es gibt Menschen, die energetisch aufgeladene PDF Dateien für 4.000€ herunterladen.
Es gibt Pflanzenfreunde, die für ihre Bonsaisammlung zehntausende Euros pro Baum ausgeben.

Es gibt in Deiner Zielgruppe IMMER Menschen, die sich Dein Angebot nicht leisten können oder wollen.
Es gibt aber auch Deine LIEBLINGSKUNDEN, die es sich zu dem Preis, den Du Dir ausgesucht hast und den Du ehrlich

verkörperst, leisten können und wollen.

Und wenn Du Schwierigkeiten hast, diese Vorstellung anzunehmen, dann stell Dir immer vor, dass Deine Lieblingskunden gerade im Lotto gewonnen, das Erbe einer reichen Großtante angetreten, oder eine saftige Abfindung aus dem früheren Job eingestrichen haben könnten.

Was Du auch tust, vermeide, Dir Gedanken zu machen darüber, dass Deine Zielgruppe kein Geld hat, um Dich zu bezahlen.

Das Thema Finanzen ist nur eine Ausprägung, weshalb es wichtig ist, zwischen Zielgruppe und Wunschkunde zu unterscheiden. Wohl auch eine der wichtigsten.
MEINE persönliche Liste an Unterschieden zwischen meiner Zielgruppe und meinen Wunschkunden umfasst auch andere Kriterien, wie z.B.:

„Meine Lieblingskunden haben bei all ihrer Erfahrung keine arrogante Haltung und nehmen auch Input von mir an, wenn es Dinge betrifft, die sie schon lange zu wissen glauben."

Auch ohne diese Bedingung könnte jemand wohl in meiner Zielgruppe sein. Aber nur die Erfüllung (unter anderem) dieser Bedingung macht jemanden zu meinem Lieblingskunden.

Versuche nun, so viele Unterschiede zwischen Deiner Zielgruppe und Deinen Wunschkunden zu identifizieren, wie Du kannst. Stelle Bedingungen!

Die Herausforderung dabei, die eigene Zielgruppe zu beschreiben, besteht meistens darin, nicht sich selbst zu beschreiben.

Oft wird mir die Frage gestellt: "Barbara, kann es sein, dass meine Lieblingskunden zu diesem und jenem Thema genau die gleiche Einstellung haben, wie ich?"

Ja, das kann sein.

Und genau konträr dazu lautet einer der wichtigsten Grundsätze der Nutzer- bzw. Verkaufspsychologie:

Schließe niemals von Deinem eigenen Verhalten auf das Verhalten Deiner Zielgruppe.

Dieses Paradoxon bewusst zu machen ist wohl die wichtigste Vorkehrung, um nicht marketingblind zu werden. Was steckt dahinter?

Erstmal das offensichtliche: Wieso solltest Du nicht von Dir selbst auf Deine Zielgruppe schließen:

Natürlich findest Du Dein eigenes Angebot gut. Du hast es schließlich gebaut. Vielleicht sagst Du sogar, es ist "Dein Baby". Aber selbst, wenn Du selbst EIGENTLICH weißt, warum Du es an ihrer Stelle kaufen würdest, bedeutet das nicht, dass Du es auch anderen begreiflich machen kannst;

Welche Lücken in ihrem Verständnis, in ihrem Vertrauen zu Dir, dem Thema, oder insgesamt Anbietern auf dem Markt klaffen.

Du steuerst geradewegs in eine Sackgasse rein, in der Du nicht mehr verstehen kannst, warum Dein Marketing nicht funktioniert- weil Du es zu engstirnig aufgebaut hast.

Oder Du transportierst Deine eigenen, persönlichen Glaubenssätze mit in die Beschreibung Deiner Zielgruppe. Jeder Mensch trägt sein Päckchen.

Ob Du einen Glaubenssatz über Preise, die Wichtigkeit eines Themas, oder eigene Ängste mit Dir herumträgst - in Deiner Lieblingskundenbeschreibung haben diese nichts verloren.

In diesem Fall darfst Du nicht von Dir auf andere schließen.

Denke nicht FÜR den Lieblingskunden!
In anderen Fällen ist es aber dienlich, die Gedanken zu Deinen Lieblingskunden mit Deiner persönlichen Perspektive zu ergänzen:

Im Idealfall hast Du bei all Deinen Überlegungen zu Deiner Zielgruppe bereits eine Handvoll Lieblingskunden im Kopf, die Du schon betreut hast und die Du analysieren kannst: Warum hat die Zusammenarbeit so gut funktioniert?

Was waren die Werte, die ihr in der Arbeit geteilt habt. Beschreibe die Atmosphäre: War die Stimmung endlich mal zackig und sachlich? Geprägt von Humor? Oder extrem emotional?

Was hat die Zusammenarbeit so reibungslos verlaufen lassen? Auf welcher Basis habt Ihr Euch "so gut verstanden"?

Wie war Euer Verhältnis? Würdest Du es als schwesterlich beschreiben? Als freundschaftlich? Als professionell? Als Mentor/Schüler Verhältnis?

Wenn Du bei diesen Fragen auf keine schon bestehenden echten Lieblingskunden zurückgreifen kannst, dann erweitere das Feld und denke an vergangene Projektarbeiten. Gruppenarbeiten im Studium. Kooperationen. Freundschaften...
Anbei habe ich ein paar Impulsfragen für Dich, die Du nutzen kannst, um Deine Lieblingskunden in verschiedenen Facetten kennenzulernen. Ihre Einstellungen und ihre GEDANKENMUSTER geben Dir wirklich Einblick in ihre Persönlichkeit:

Wie verhält sich Dein Lieblingskunde im Fußballstadion? Gehen sie überhaupt hin? Mit wem?
Wie stehen sie zu Veganismus?
Wohin fahren sie gerne in den Urlaub?

Für was geben sie auf dieser Reise gerne Geld aus?

An was sparen sie?

Lieben sie, im Sale Schnäppchen zu machen?

Haben sie vielleicht sogar eine Jäger Mentalität bei Käufen?

Oder haben sie ein schlechtes Gewissen, wenn sie im Sale kaufen?

Lieben sie, Statussymbole zu tragen?

Was sind Statussymbole für sie?

Welche Vorstellungen haben sie von Wohlstand und Zufriedenheit?

Was sind ihre Standards?

Je mehr solcher Fragen Du Dir stellst, desto besser. Stell Dir vor, Deine Lieblingskundin begleitet Dich in Deinem Alltag, und Du beobachtest sie, welches Gericht sie im Restaurant bestellt, welchen Typ Mann sie attraktiv findet, Welcher Preis für ein Paar Schuhe für sie angemessen scheint...

Ein unglaubliches aussagekräftiges Gedankenspiel, um eine Metapher für Kaufentscheidungen durchzuspielen, ist folgendes:

Stell Dir vor, Deine Lieblingskundin veranstaltet bei sich zu Hause eine kleine Feier mit Freunden und möchte Cocktails anbieten. Im Supermarkt steht sie vor einem vollen Spirituosenregal.

Für welchen Wodka entscheidet sie sich?

Greift sie nach der günstigsten Flasche, weil sie ja mehrere

Personen verpflegen muss - und so sehr schmeckt man den Unterschied ja sowieso nicht?

Soll es die Mittelklasse sein, und wenn ja- wie definiert sie denn die Mittelklasse?

Rein über den Preis oder über einen gewissen Qualitätsstandard?

Vielleicht über eine gewisse Marke?

Greift sie leicht über der Mittelklasse zu?

Und wenn ja, warum?

Wäre es ihr ansonsten peinlich, wenn ihre Partygäste die Flasche sehen würden?

Oder denkt sie sich, "naja, ich muss das Zeug schließlich auch trinken?"

Oder entscheidet sie sich für ein Premium-Produkt?

Weil ihr ein gewisser Status wichtig ist?

Oder weil sie keine halben Sachen macht und...

... für sich selbst nur das Beste möchte?

... für ANDERE nur das Beste möchte?

Hinterfrage nicht nur, wie sich Dein Lieblingskunde entscheidet, sondern auch WARUM?

Welche ENTSCHEIDUNGSMUSTER stecken dahinter, die Du in Deinem "Treppendesign" berücksichtigen musst?

Nachdem wir uns jetzt ausführlich damit beschäftigt haben, kann es gut sein, dass Dir eben dies aufgefallen ist: Manche der Antworten Deiner Zielgruppe, gerade z.B., wie sie am liebsten arbeiten, was sie gut finden und was nicht, entspricht Deinen Ansichten relativ genau.

An diesem Punkt ist das kein Problem und sogar etwas Positives: Wir wollen Resonanz erzeugen. Dass Du und Deine Zielgruppe ein echtes PERFECT MATCH Gefühl spürt. Dass Deine Lieblingskunden spüren, hier werden sie blind verstanden, hier sind sie richtig.

Und diese Resonanz bedeutet natürlich, dass ihr wahrscheinlich bei vielen wichtigen Dingen auf einer Wellenlänge seid.

Nachdem wir jetzt also wissen, wer uns begleitet, lass uns ihre Motive kennenlernen. Schauen wir uns an, was Deine Lieblingskunden WOLLEN.

Lass uns dazu direkt noch eine Übung machen. Schreibe den Wunsch, den Deine Zielgruppe hat, so einfach wie möglich auf.

Beispiel: „Sie wollen schneller vorankommen im Job."
Frage nach dem „Warum?": „Weil sie einmal eine erfolgreiche Karrierefrau sein wollen."
Warum?: „Weil sie Geld verdienen und in Wohlstand leben wollen."
Warum?: „Weil sie Spaß im Leben haben und später gut

abgesichert sein wollen."

Warum?: „Weil sie gesehen haben, wie ihre Mutter nach der Scheidung ohne jeden Rückhalt da stand!"

Aha! Wir haben ein Motiv identifiziert. Dieses Motiv heißt SICHERHEIT.

Grundsätzlich unterscheiden wir in folgende Motive:

Typ Sicherheit: Dieser Typ wird durch Unsicherheit getrieben und ein guter Entscheidungshebel ist z.b. ihm Sicherheit zu vermitteln: "Warum Du gar nicht so anders bist, als die Menschen, die es vor Dir schon geschafft haben."

Weitere Typen sind:

Typ Erfolg: Dieser Typ lässt sich gut durch das "Das will ich auch!" Gefühl motivieren, z.b.: "Die größte Überraschung für (Zielgruppe einfügen) in 2024 ist..."

Typ Kompensation: Dieser Typ entscheidet quasi ausschließlich für einen Stellvertreter, den Du unbedingt identifizieren musst. Oft sind das Kinder, Haustiere, Partner. Dieser Typ kommt nur für den Stellvertreter, nicht für sich selbst ins Tun: "3 Schritte, wie Du Deine xy besser bei ihrer Entwicklung unterstützen kannst:"

Typ Ego: Diese Menschen reagieren empfindlich, falls ihr von außen oder von ihnen selbst projiziertes Bild ins Wanken gerät. Gute Hebel sind in ihrem Fall, ihren Stolz oder ihr Geltungsbedürfnis anzusprechen: "DAS machen 99% aller xy Experten falsch!"

Typ Kämpfer: Diese Menschen reagieren auf JEDE Challenge, sammeln Abzeichen, wollen alles immer sofort umsetzen und sind hungrig danach, es sich selbst oder anderen zu beweisen: "3-Tages-Challenge, wie Du..."

Diese Typen beschreiben, nach welchen Motiven sich Deine Lieblingskunden überhaupt bewegen werden. Nutzt Du die falschen Motive, sprichst Du immer über die falschen Treiber im Marketing, werden Deine Lieblingskunden darauf nicht reagieren. Obwohl Du inhaltlich das Richtige sagst, wirkt die Verpackung auf sie nicht ansprechend. Mehr dazu später.

Zum Ende dieses Kapitels möchte ich Dir also das genialste Werkzeug überhaupt für Dein Zielgruppenverständnis mitgeben. Es ist die eine Frage. Und die lautet: Warum?

In der Übung weiter vorn im Kapitel hast Du schon einen Vorgeschmack bekommen, was es heißt, dieses Werkzeug gekonnt einzusetzen.
Es zwingt Dich, eine Antwort zu geben und lässt Dich erkennen, dass Du immer dachtest, dass Du die Antwort kennst.

Dass es aber eine ganz andere Sache ist, diese Antwort auch bewusst formulieren zu können. Das brauchen wir im Kapitel "Kommunikation".

Lass uns dieses Prinzip noch etwas weiter spinnen:

Wenn es Dir schwer fällt, die Oberflächlichkeit hinter Dir zu lassen und Du das Gefühl hast, dass Du an die Gedanken und Gefühle und Glaubenssätze Deiner Lieblingskunden schwer heran kommst, dann ist folgende Übung sehr gut geeignet:

Die Aufstellungen in diesem Beispiel stammen aus der Zielgruppenbeschreibung einer echten Kundin von mir.

Ich zeige Dir jetzt, wie du die oberflächliche Verständnisebene mit "Warum?" Fragen vertiefen kannst:

Meine Lieblingskundin...:
... hat Lust auf's Leben - schöne Reisen, Essen mit Freunden, etc.
... ist ehrgeizig und diszipliniert. Arbeitet hart für ihre Ziele und Träume.
Soweit, so gut. Lass uns aber tiefer gehen, um die wichtigen Hebel zu identifizieren! Ich habe allein diesen winzigen Ausschitt, diese paar Sätze mit ihr genau analysiert und nochmal auseinandergenommen:

Das Werkzeug dazu ist wie gesagt die "Warum"-Frage, die Du erstmal auf alles anwenden kannst:

Warum hat sie Lust auf's Leben?
Warum liebt sie schöne Reisen?
Warum liebt sie Essen mit Freunden?
Warum ist sie ehrgeizig?
Warum ist sie diszipliniert?
...

Du verstehst das Prinzip. Und jetzt versuche, wirklich konkret auf diese Fragen zu antworten. Du wirst Gedankenmuster, Glaubenssätze und die Art und Weise entdecken, und verstehen, wie diese Person ihre Umwelt sieht und was sie als "Realität" **betrachtet**.
Beachte: Die eine "Realität" gibt es nicht in der Zielgruppenarbeit!

Zum Beispiel: Warum hat sie Lust auf's Leben?
Weil sie glaubt, dass das Leben ein Geschenk ist, das sie nicht verschwenden darf.
Weil sie "Man lebt nur einmal" sofort unterschreiben würde und deshalb auch ganz viel "ausprobieren" will im Leben.
Warum liebt sie schöne Reisen?
Weil sie ein extrem leidenschaftlicher Typ ist, der gerne "fühlt". Auf Reisen fühlt sie sich besonders inspiriert. Diese Inspiration sucht sie aber auch zu Hause.

Warum liebt sie Essen mit Freunden?
Sie ist ein emotionaler Esser und hatte früher Gewichts-
probleme deshalb. Heute hat sie geschafft, ihr Essverhalten
positiv emotional zu belegen und isst am liebsten in Gesell-
schaft.

Warum ist sie ehrgeizig?
Weil sie von Kind an darauf geprägt wurde, sich über ihre
Leistungen zu definieren. Sie selbst und ihr Wohlbefinden
kommen dabei oft zu kurz.

Warum ist sie diszipliniert?
Weil sie früher von ihren Eltern für gute Leistungen belohnt
und für schlechte bestraft wurde.
Und so weiter und so weiter. Du siehst, wie viel wir aus den
zwei kleinen Sätzen am Anfang bereits entwickelt haben.

Weitere Stufen sind aufeinander aufbauend die Fragen:
Woher kommt das?
Wie fühlt sich das an?

Beispiel: Weil sie glaubt, dass das Leben ein Geschenk ist,
das sie nicht verschwenden darf.

Woher kommt das?
Sie umgibt sich bewusst mit einem positiven Umfeld und hat
sich in den letzten Jahren intensiv mit den Prinzipien von

Dankbarkeit und Achtsamkeit beschäftigt. Sie hat bereits die Bücher xy dazu gelesen und liebt den Podcast von xy.

Oder ein anderes Beispiel: Weil sie früher von ihren Eltern für gute Leistungen belohnt und für schlechte bestraft wurde.

Wie fühlt sich das an?
Sie setzt sich heute ständig selbst unter Druck und projiziert die Erwartungen anderer immer auf sich. Sie hat ein People Pleaser Syndrom entwickelt und fühlt sich gehetzt. Dadurch fühlt sie sich klein und getrieben, wie ständig auf der Flucht und auf der Jagd gleichzeitig.

Und dieses Spiel kannst Du endlos fortsetzen.
Meistens hört man bei der Zielgruppendefintion einfach zu früh auf, den Dingen auf den Grund zu gehen.
Dabei steckt hinter jeder Eigenschaft, jedem Wunsch und jedem Knacks, den ein Mensch im Leben hat, eine Geschichte. Ich gebe Dir Brief und Siegel darauf: Wenn Du diese Geschichten erzählst, werden die Menschen zu Dir kommen.
Sie werden sich verstanden und aufgehoben fühlen.

Du wirst nicht nur mit ihnen kommunizieren, sondern sie auch berühren. Das Wissen über Deine Lieblingskunden ist ein Geschenk, das Dir alle weiteren strategischen Schritte vergolden wird.
Baue dieses Wissen in strategische Schritte mit ein!

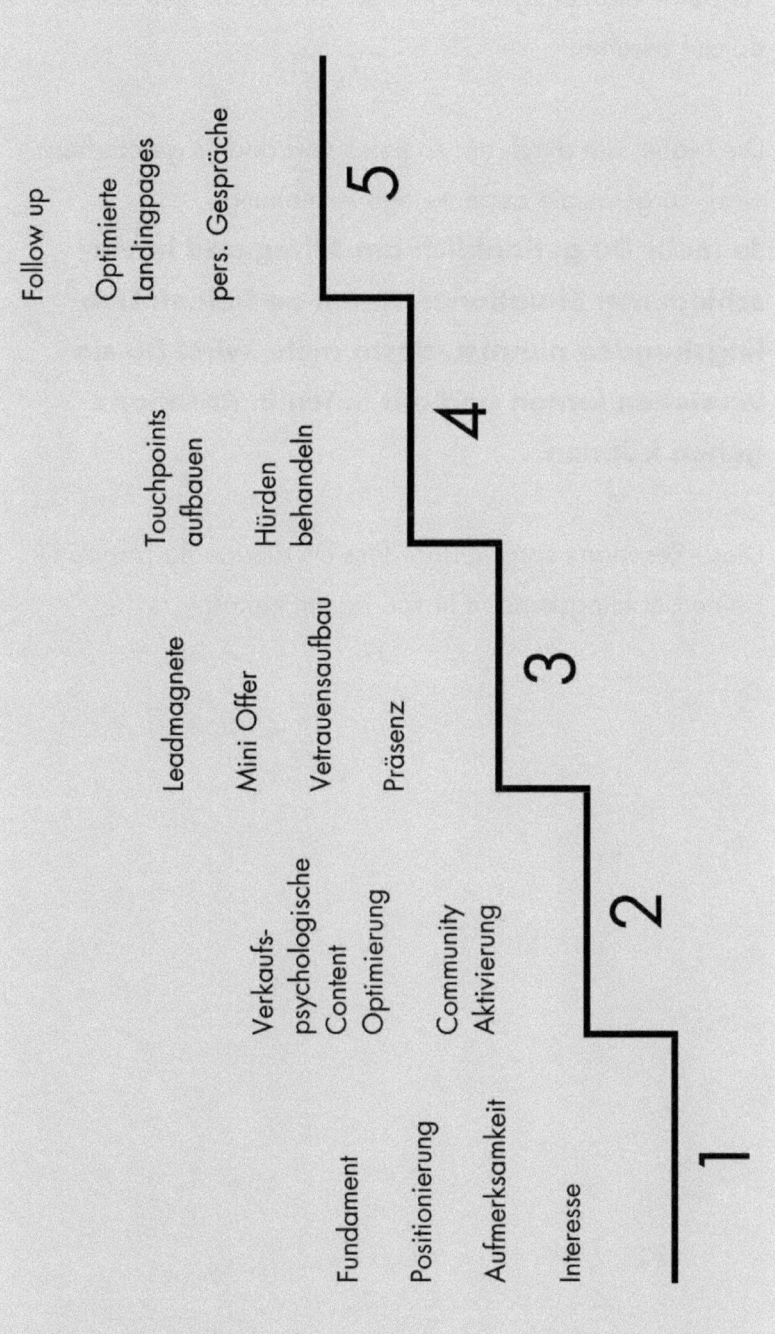

1

Fundament

Positionierung

Aufmerksamkeit

Interesse

2

Verkaufs-
psychologische
Content
Optimierung

Community
Aktivierung

3

Leadmagnete

Mini Offer

Vetrauensaufbau

Präsenz

4

Touchpoints
aufbauen

Hürden
behandeln

5

Follow up

Optimierte
Landingpages

pers. Gespräche

All Deine marketingstrategischen Entscheidungen sollten darauf beruhen.

Die Nähe, die durch ein so tiefes Verständnis geschaffen wird, sorgt für die gegenseitige Anziehung: **Je mehr Du gedanklich am Alltag und in verschiedenen Situationen Anteil an Deinen Lieblingskunden nimmst, desto mehr wirst Du sie verstehen lernen und mit ihnen in Resonanz gehen können.**

Diese Resonanz sorgt dafür, dass Du die ideale Treppe für Deine Liebelingskunden in spe bauen kannst.

POSITIONIERUNG

Die wohl am häufigsten gestellte Positionierungsfrage lautet: "Barbara, soll ich mich lieber spitz oder breit positionieren?"

Beziehungsweise:

"Barbara, bin ich spitz genug positioniert?"

Inzwischen werden auch einige Anti-Helden Marketing Coaches laut, die vor allem Scannern raten: "Schluss mit dem Positionierungs-Wahn! Du musst Dich nicht entscheiden!"

Der Punkt ist: Viele dieser Ansätze gehen per se von einem falschen Verständnis von "gut positioniert" aus. Wir wissen jetzt, wie tief richtige Zielgruppenarbeit geht, die Voraussetzung für eine starke Positionierung ist. Wenn wir aber das oberflächliche Wald-und-Wiesen Zielgruppenverständnis zu Grunde legen (weiblich, zwischen 30-45, verheiratet, ehrgeizig, möchte endlich raus aus dem Hamsterrad...), dann wird Deine Positionierung ebenso schwammig werden. Was Dich wiederum ins Zweifeln kommen lässt, ob Du spitz genug positioniert bist oder ob Du Dich breiter aufstellen sollst.... Und diese Zweifel machen Dich anfällig für Irrwege.

Veränder mal die Bewertung: Es gibt kein "spitz oder breit" positioniert, sondern nur "gut oder schlecht".

Du musst Dich nicht auf Burnout bei Rechtsanwaltsfachangestellten aus Nordrhein-Westfalen positionieren, wenn Du genau weißt, mit welchem Typ Mensch Du sprichst und was er denkt und fühlt.

Was ist unser Ziel, was ist überhaupt eine gute Positionierung? Ein "Positionierungssatz" soll klassischerweise ein Satz sein, der beim Lesen eine Resonanz auslöst. Entweder, Du weißt als Empfänger ganz genau, dass Du gemeint bist, oder Du weißt ganz genau, dass Du nicht gemeint bist. Alles dazwischen wäre eine "schlechte" Positionierung, weil schwammig.

Ob Du Deinen Positionierungssatz hauptsächlich aus demographischen Begriffen wie Beruf, Alter, oder einem klaren Symptom (ADHS Coaching für junge Führungskräfte in mittelständischen Unternehmen) aufbaust, bis alle Zweifel ausgeräumt sind, oder ob Du einen "Horoskop"-artigen Ansatz wählst ("Leidenschaftliche Menschen mit starkem Sicherheitsbedürfnis und dem inneren Drang nach sexuellen

Abenteuern"): Durch Präzision kommst Du zum Ziel.

Horoskop-artig übrigens deshalb, weil Horoskope meisterhaft geschrieben sind - ob man daran glaubt oder nicht. Google gerne an der Stelle die Horoskop Seite der Brigitte oder ähnlichen Magazinen, Du wirst eine Menge Ergebnisse finden.

Schmöker Dich durch ein paar Horoskope. Beobachte, was das mit Dir macht. Es ist unheimlich einfach, sich in Horoskopen wiederzuerkennen. Sie meistern die Kunst, extrem allgemeingültige Situationen und Gefühle zu beschreiben und sie in vermeintlich konkrete Kontexte zu übertragen. Der Effekt ist, dass jeder das Gefühl hat, nur er oder sie ganz alleine ist gemeint.

DAS ist gute Positionierung par excellence!

Eine Falle, in die Du nie tappen solltest, ist, Dein Angebot zu sehr aus der Anbieter Perspektive zu präsentieren.
Geh immer davon aus: **WAS genau Du tust, ist Deinen Lieblingskunden völlig egal.**

Oder anders ausgedrückt: Du bist nicht Deine Methodik.
Und Deine Lieblingskunden wollen in aller Regel nicht die Methodik „haben", sondern ein Ergebnis.
Ein gutes Beispiel dafür sind Human Design, Notion oder Zeichenkurse.

Vordergründig geht es oft um die Methodik, was dazu führt, dass man als Anbieter ständig mit Volkshochschulkursen konkurrieren muss.

Interessenten, die einen „Kurs machen wollen in…" googlen häufig einfach und vergleichen die Anbieter.

Diese Vergleichbarkeit und den Preiskampf, diese Austauschbarkeit wünsche ich Dir nicht.

Wir wollen entdeckt werden und begeistern, so sehr, dass es nur UNS für unsere Lieblingskunden gibt.

Also, was macht Dich einzigartig?

Und die Antwort auf diese Frage liegt NICHT in dem, was Du tust.
Wieso ist Dein Ansatz für einen bestimmten Typ Mensch genau das, was gerade den dringenden Bedarf trifft?

Beispiel aus der Praxis:
Statt „Wie Du mit Human Design genau so leben und arbeiten kannst, wie Du willst…"

Lieber „Du fühlst Dich schon Dein Leben lang fehl am Platz und wie ein Versager. Du hast Probleme, Dich an feste Strukturen anzupassen und Arbeiten, die anderen leicht von der Hand gehen, halten Dich auf und laugen Dich aus? Ich zeige Dir, wie Du…!"

Ein weiteres Beispiel:

Statt „Wie Du Dich mit Notion besser organisierst und eine klare Aufgabenstruktur erstellst..."

Lieber „Du willst ein Busienss aufbauen und drehst Dich ständig im Kreis? Deine Ideen- und Aufgabensammlung liegt als tausend Notizzettel vor Dir und täglich kommen neue dazu. Was sollst Du aufheben? Was wegwerfen? Und wie kommst Du endlich in die Umsetzung...?"

WAS genau Du tust, ist Deinem Gegenüber völlig egal.

Priorität aus Anbieterperspektive

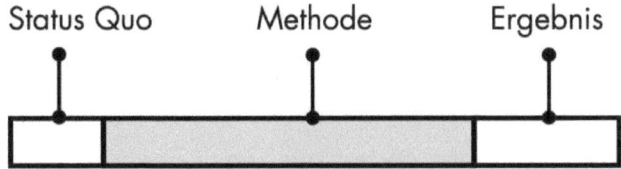

Prioritäten aus Kundenperspektive

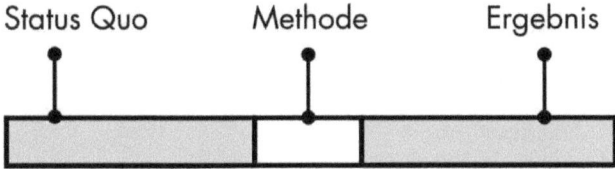

Du wirst erst dann eine Relevanz aufbauen, wenn Du klar machst, was Dein Gegenüber davon hat, seine Energie, Zeit und schließlich auch Geld in Dich zu investieren.

„WHAT'S IN FOR ME?"
Das ist die Frage aller Fragen, die Du Dir bei Deiner Positionierung aus der Kundensicht stellen kannst.

Vor allem, wenn Du sehr daran interessiert bist, im Content und in der Kommunikation nach draußen nicht „zu salesy", also zu verkäuferisch zu wirken, mache diese Frage zu Deiner Bibel.

Denn natürlich wirkt es auf Dein Gegenüber etwas aufdringlich, wenn Du ständig erzählst, wie toll Deine Methodik ist, und dass jeder sie brauchen kann, dass alles möglich ist, wenn man xy für sich entdeckt...
Das sieht schon ganz anders aus, wenn Dein Gegenüber das Gefühl hat, es geht ständig um **ihn oder sie persönlich. Wenn sie sich verstanden fühlen, wenn Geschichten aus ihrer Lebensrealität in den Fokus gestellt werden.**

Dreh Dein Verständnis von Deiner Positionierung, bzw. von Deinem Angebot um:
Du bietest nicht an, was Du tun kannst, sondern welches

Ergebnis und welches Gefühl Dein Gegenüber braucht und will.

Emotionen spielen dabei immer eine Rolle.

Einige Beispiele:

Dein Lieblingskunde will sich...

... vertstanden fühlen.

... abgesichert fühlen und ruhig schlafen.

... nicht mehr unbedeutend fühlen.

... frei und unabhängig fühlen.

... erfüllt fühlen.

Verknüpfe die Emotionen, die Dein Lieblingskunde fühlen will, wenn das Ziel erreicht ist mit dem Ziel, und Deine Positionierung wird lebendig, greifbar und mitreißend für genau die richtigen Menschen.

Du siehst also, es gibt eine Menge Methoden, wie Du Deine Perfect Match Positionierung aufbauen kannst. Doch viele Möglichkeiten zu haben, macht es nicht unbedingt einfacher, in die Umsetzung zu kommen.

Wann immer Du das Gefühl hast, dass Dich Deine Positionierungsfragen lähmen, wende den folgenden Prozess an, um in die Umsetzung zu kommen.

Er wird Dir dabei helfen, den „Jungsfräulichkeitskomplex" zu überwinden.

(Das ist übrigens kein Witz, sondern ein wissenschaftlicher

Begriff aus der Kunst, den es wirklich gibt. Er beschreibt das Gefühl, vor einer weißen Leinwand zu stehen und die Angst davor, den ersten Pinselstrich zu setzen und damit womöglich die falsche Richtung für das Kunstwerk einzuschlagen.)

Nimm zuerst Deinen aufsteigenden Anspruch an Dich selbst und die Prise Perfektionismus wahr, die Dich gerade hemmt. Die folgende Übung soll Dich aus dem Grübeln in die Aktion und ganz nahe an Deine Zielgruppe ran bringen. Lass uns heute eine Message rausbringen, bzw. etwas posten, was genau ins Schwarze trifft!

Diese Übung ist besonders dann wertvoll, wenn Du oft das Gefühl hast, Du weißt nicht, was Du sagen oder über was Du sprechen sollst.
Vielleicht bist Du Dir in Deiner Kernaussage und Deiner Positionierung noch nicht ganz sicher.
Positionierung ist ein Prozess. Du bist heute eben noch nicht am Ende. Na und?
Was Dich aufhält, ist, Dich davon hemmen zu lassen, unperfekt zu starten und damit schonmal die ersten Früchte zu ernten.
Begib Dich in den Dialog mit Deinen Lieblingskunden. Poste das Content Piece, sprich mit ihnen - so kommst Du vorwärts auf Deinem Positionierungsweg.
Konzentriere Dich bei dieser Methode darauf, eine Aussage zu finden, die genau so, wie Du sie formulierst, aus dem

Mund Deines Lieblingskunden stammen könnte. Was ist ein tatsächlicher Gedanke, der in ihrem Kopf entsteht, oder was erzählen sie ihrer besten Freundin über ihre Situation?

Beispiel:
"Weißt Du, ich hab das Gefühl, schulmedizinisch bin ich austherapiert. Keiner kann oder will mir noch helfen, aber ich weiß ja, dass etwas nicht stimmt. Ich fühle mich nicht gut, Will aber auch nicht bei irgendeiner Eso-Tante landen."

Diesen Gedanken kannst Du schärfen und entsprechend für ein Content Piece, beispielsweise ein Video aufbereiten:
"Du warst schon bei tausend Ärzten und wirst nur von A nach B geschickt! Du brauchst endlich Hilfe, willst aber auch keiner Eso-Quacksalberei aufsitzen. In Teil 3 meiner Reihe zeige ich Dir heute, was Du brauchst um…"

Oder Du nutzt die Formulierung als direktes Zitat als Aufhänger in Deinem Text oder Video und beziehst Dich danach darauf.
Mit diesem Gedanken Frame hast Du Deinen eigenen Kopf, der gerade offensichtlich blockiert, übergangen und hast gewissermaßen Deinen Content von Deinem Lieblingskunden schreiben lassen.
Geh damit raus und nimm Dir eine Denkpause für den Tag.
Beobachte die Resonanz auf das Video bzw. das Content

Piece. Entsteht daraus ein neuer Austausch? Kommt es zu einem Kommentar, der Dir eine interessante Perspektive darauf gibt?

Wichtig ist, Positionierung als Prozess zu akzeptieren, an dem man täglich zu arbeiten hat durch aktive Kommunikation mit Deinen Lieblingskunden. Also sprich mit den Menschen und höre ganz genau hin. Zentral ist das "daran arbeiten". Nimm wahr, wenn Dein "Overthinking", also Dein Gedankenkarussell, Dich lähmt und gehe proaktiv gegen den Jungfräulichkeitskomplex an.

Besonders anfällig für Overthinking sind wir übrigens in Phasen, in denen wir "ein neues Kapitel aufschlagen" wollen, in denen wir die Entscheidung treffen, etwas anders machen zu wollen oder in ähnlichen Situationen. Wenn wir etwas besonders gut oder ab jetzt ganz richtig machen wollen. Also quasi in Situationen, in denen wir sagen: "Es wird Zeit für eine neue Leinwand!"
Der Jungfräulichkeitskomplex ist ein Resultat von Ehrgeiz. Und damit erstmal nichts Schlechtes, wenn Du Dich sehr anstrengen möchtest, um Dein Bestes zu geben. Wir müssen nur bedacht Wege finden, mit denen wir solche Mindset Blockaden umgehen können.

Selbst, wenn Du gerade kein neues Kapitel aufschlägst, sondern einfach über die ganze Zeit Deiner selbständigen

Tätigkeit die Frage "Wer bin ich und wenn ja, wie viele?" mitgezogen hast, können sich solche Gedanken noch zeigen.

Eine ganz zentrale Frage, um dem auf den Grund zu gehen, ist:

Wie will ich es denn überhaupt haben?

Gerade bei multitalentierten und -interessierten Persönlichkeiten ist die schiere Vielfalt an Facetten, die den eigenen Kosmos ausmachen, manchmal erschlagend.

Vielleicht hast Du in Deiner Vergangenheit auch schon öfter die Erfahrung gemacht, dass Du immer wieder neue Dinge anfängst, weil Du ein Thema, das Dich interessiert, nicht aufgeben oder auch noch ausprobieren willst.

An diesem Vorgehen ist grundsätzlich auch nichts falsch. Nur ist das noch nicht die Phase, in der Du Deine Selbständigkeit, Dein Business, wirklich tragfähig aufbaust. Denn dafür ist zu wissen, wo man hinwill, essentiell.

Das Gute ist, diese Frage muss nicht nach einem gewissen Schema beantwortet werden. Gut genug reicht völlig. Der Kompass muss eingestellt sein.
Zum Beispiel auf: "Ich brauche 5.000€ Umsatz monatlich, um aus meiner Festanstellung raus zu können."

Damit hast Du ein Ziel, dem Du Deine weiteren Schritte widmen kannst.

Auch der Wunsch, sich nicht durch eine spitze Positionierung einengen zu lassen, ist ein mögliches Ziel: "Ich möchte eine Message finden, die all meine Facetten vereint und zu klaren Angeboten formuliert."

Dann solltest Du Dir über Deine Werte des "WIE?" in Deiner Arbeit Gedanken machen.
Wie sollen diese Angebote gekauft werden? Hast Du Lust, Menschen eng zu betreuen, oder soll Deine Leistung eine passive sein?

Willst Du möglichst örtlich und zeitlich flexibel arbeiten oder träumst Du von Deiner eigenen Praxis mit festen Arbeitszeiten?

Liegt es Dir eher, wenige Kunden zu betreuen und zu gewinnen, mit Bestandskunden zu arbeiten oder viele kleine Produkte an eine größere Masse zu distribuieren?
Folgende Frage ist für Dein eigenes Wohlbefinden bei der Arbeit in schwierigen Phasen erfahrungsgemäß extrem wichtig:
Welche Aspekte meiner Arbeit, bzw. welche Themen sind für meine Wunschkunden am leichtesten ZUGÄNGLICH?

Diese Frage hat den Hintergrund, dass manche Themen extrem schwer zugänglich sind. Man muss als Experte erst einen Bedarf oder eine Awareness schaffen, um überhaupt mit Menschen zu sprechen, die dann nach längerer Vorarbeit etwas verändern wollen - und Deine Hilfe in Anspruch nehmen wollen!

Andere Themen aus Deinem Gebiet sind im Vergleich vielleicht eher Selbstläufer, weil viele Menschen händeringend nach einer Lösung für dieses Thema suchen und extrem hellhörig werden, sobald Du darüber sprichst.
Wenn Du Spaß an zügigen Erfolgen hast, solltest Du Dir Deine Themen auch nach diesen Kriterien aussuchen.

Dies sind die wichtigsten Fragen, die Dir dabei helfen, Deine Facetten so zu sortieren und zu priorisieren, dass am Ende nicht nur thematisch, sondern auch von der Art und Weise zu Arbeiten genau herauskommt, was Du Dir vom Leben wünschst.
Manche Facetten dürfen dabei auch ein Hobby bleiben!

Ich persönlich singe zum Beispiel für mein Leben gern und Menschen hören mir auch gerne zu. Ich habe in der Vergangenheit auch schon für Gage gearbeitet oder bin auf Veranstaltungen aufgetreten.

Als Teil meines Business oder als Weg in die Selbständigkeit ist es für mich persönlich aber ungeeignet. Als Künstler bist Du von den Entscheidungen anderer abhängig. Die Branche ist ein Haifischbecken!

Also singe ich lieber, wann, wo und wie ich will, habe immer noch Freude daran und verdiene meine Brötchen mit anderen Facetten meiner selbst, bei denen ich die Arbeit als weitaus angenehmer empfinde.

Viel Potential für Deine Lebensqualität liegt also in der Strukturierung Deiner Facetten. So fällt es Dir am Ende leichter, ein Unternehmen UND Leben nach Deinen Vorstellungen zu führen.

Eine kleine Fußnote dazu: Da Deine Vielfältigkeit als Scannerpersönlichkeit eine der tollsten Quellen für Deine Unverwechselbarkeit ist - und gleichzeitig Dein größter Hemmschuh bei der klaren Kommunikation nach außen sein kann, gehen wir im Kapitel "Kommunikation" nochmal genauer darauf ein.

Ein weiteres Ziel könnte sein:
"Ich will endlich verstehen, wer meine Wunschkunden sind und mein Unternehmen so aufbauen, dass ich nur noch mit ihnen arbeite."

Fundamentale Fragen wie diese bringen eine Gefahr mit sich, die Du nicht unterschätzen solltest, wenn Du in Deinem

Business wirklich weiter kommen willst.

Sie bieten die Möglichkeit, sich stunden- und jahrelang im stillen Kämmerlein zu beschäftigen:
Noch eine Persona zu erstellen, noch einen Post zu schreiben und ihn dann doch nicht zu posten..
In dieser Phase musst Du natürlich viel erkunden, viel ausprobieren, um Dich selbst und damit auch Deinen Wunschkunden zu finden.

Aber Achtung! Hier ist der Unterschied zwischen testen und "rumeiern" ein ganz essentieller.

Testen bedeutet, einen konkreten Plan zum Vorwärtskommen zu verfolgen. Resonanz auf das, was man tut, in Form seiner eigenen Gefühle, Feedback vom Gegenüber oder messbaren Zahlen zu analysieren und Schlüsse für weitere Schritte daraus abzuleiten.

Rumeiern drückt sich in Formulierungen aus, wie:
„Ich lasse das einfach auf mich zukommen."
„Das braucht jetzt halt seine Zeit."
„Ich probiere mich einfach mal aus."

NATÜRLICH gibt es auch im zielgerichteten Testen Platz zum Experimentieren, Einfühlen und Abweichen.
Und tatsächlich nimmt man mit einem konkreten Hintergedanken die Produkte dieser Erkundungsreise viel bewusster

67

und intensiver wahr.

Also lass Dir nicht von Dir selbst oder von einem Spiri-Guru einreden, dass der eine Weg das intuitive, authentische Anziehen und Treiben lassen, und das andere der strategische, enge und aufgesetzte Marketingplan und Kundenjagdplan ist.

Ein echter, auf Dich abgestimmter Marketingplan und eine Strategie, wie Du Deine eigenen, tief in Dir rufenden Ziele erreichst, ist im Kern unglaublich spirituell, leicht und frei.

Du wirst sie mit einem Plan, mit Testen und Optimieren statt Ausprobieren nur eben WIRKLICH ERREICHEN.

Also höre auf Dein System, auf Dein Herz und auf Deinen Körper.
Ist die Zeit für Dich da, loszugehen und eine Antwort zu finden auf die Frage:

Wie will ich es denn überhaupt haben?

Wenn Du einen Druck oder Zug spürst, diese Frage beantworten zu wollen, dann hast Du wahrscheinlich richtig Bock. Bock darauf, den nächsten Schritt zu gehen.

Um das "Aber wie?!" kümmern wir uns auf den nächsten Seiten dieses Buches.

Alles, was Du dafür brauchst, ein Leben und ein Unternehmen nach Deinen Vorstellungen zu erschaffen, ist das Commitment loszulegen und Dinge zu Ende zu denken. Geh den Schritt, die losen Enden zusammenzuführen und nach funktionalen Kriterien Deine Ideensammlungen auszusortieren.

KOMMUNIKATION

Der größte Wert in Deiner Kommunikation ist KLARHEIT.

Es ist elementar, zu wissen, was Du willst, und auch, was Dein Gegenüber will!

Was Dein Gegenüber will, sollte Dir aus dem Kapitel "Zielgruppe" bekannt sein. Was DU willst, ist beinahe noch wichtiger. Denn Klarheit wirkt anziehend. Es kann sogar sein, dass Du bereits auf die richtigen Menschen ausgerichtet kommunizierst, sie dann aber derart verwirrst durch unklare Angebote, schwammige Aussagen und einen unsicheren Vibe, dass sie am Ende nicht kaufen können und Du sie verlierst.

Als ich das erste Mal das Gefühl hatte, dass ich mehr Kunden betreuen könnte, bei gleichbleibenden oder sogar besseren Kundenergebnissen, versuchte ich alle Hebel in Bewegung zu setzen, auch mehr Kunden zu gewinnen. Über ein halbes Jahr kam ich über eine magische Grenze nicht hinweg.

Warum? Mir war noch nicht klar, WIE genau ich mit meinen Kunden weiterarbeiten würde. Retrospektiv konnte ich erkennen, dass ich Angst vor dem Mehraufwand hatte und mich unterbewusst in meiner Komfortzone gehalten habe.

Sobald ich die neue Betreuungsstruktur visualisiert hatte, war es, als würde ich den Hahn aufdrehen. Als hätten da draußen eine ganze Handvoll neuer Kunden nur darauf gewartet, dass ich endlich energetisch die Tür aufmache.

90% oder mehr unserer Kommunikation ist unbewusst. IMMER. Sobald Du eine Blockade, ein "eigentlich" übersiehst, wirst Du das im Außen gespiegelt bekommen. Weil Du immer kommunizierst. Egal, was Du tust. Selbst oder gerade dann, wenn Du nicht redest und Dich unsichtbar in einer Ecke verkrümelst.

Lass uns in dem Zuge über das schlimmste Wort der Welt sprechen:
Übrigens, ob Du jetzt "ich darf" oder "ich muss" sagst etc. halte ich für nicht halb so relevant. Ehrlich. Aber das schlimmste Wort der Welt solltest Du auf jeden Fall ab sofort aus Deinem Sprachgebrauch streichen.

EIGENTLICH.

Argh. "Eigentlich" ist eigenhändig der Zerstörer Deiner

Träume. Ich übertreibe nicht! Mit jedem Satz, in dem Du ein "eigentlich" (und noch schlimmer, "eigentlich ..., aber") verwendest, belügst Du Dich selbst.

„Ich wollte eigentlich endlich mal wieder Urlaub machen."
„Ich wollte eigentlich schon immer mal..."
„Ich will ja eigentlich noch mehr Kunden gewinnen."

Solche Formulierungen verhindern, dass Du, ob Du spirituell bist oder nicht, Deine Ziele manifestieren kannst. Manifestation braucht im Wesentlichen Fokussierung und Klarheit. Hast Du das Commitment zu Deiner Ausrichtung nicht, steht Deine Kompassnadel nicht auf Deinem Nord, wirst Du geschickt jeder Chance, die sich Dir in den Weg stellt, ausweichen.

Deine Komfortzone gewinnt, und Du wirst das eigentliche Ziel, das nächste Level, nie erreichen.
Dein „eigentliches" Ziel bleibt eine Option.

Zusammenfassend: Wenn Du "eigentlich" sagst, denkst Du, dass Du weißt, was Du willst. Du gaukelst Dir Klarheit vor. Das funktioniert tatsächlich.
Deine Kunden in spe sind in dem Fall klüger als Du: Ihnen kannst Du keine Klarheit vorgaukeln.
Das ist also das dringendste Problem, das Du für Dein Business heute angehen solltest.

Nimm Dir also Dein schönstes Notizbuch her und schreibe GENAU auf, was Du willst. Wie soll sich Dein Business und die Arbeit mit Deinen Kunden anfühlen?

In dieser Art der Zielbeschreibung und zu diesem speziellen Zweck ist Dein Vision Board mit einem Ferrari darauf weniger zentral, wenngleich auch solche Ziele und Träume sicherlich in diese Übung mit rein spielen.
Konzentriere Dich aber vor allem auf eine Frage:

WIE will ich in Zukunft arbeiten?

Ich für meinen Teil empfinde das WIE tatsächlich sogar wichtiger als das WAS.
Und das ist vor allem für Scanner ein extrem wichtiger Gedanke:

Du hast tausend Ideen. Du hast viele Talente. Dir macht es Spaß, oft neue Projekte zu beginnen. Also was soll Deine messerscharfe Business Positionierung werden? Was genau sollst Du anbieten? Wo die Grenze ziehen? Ist Deine neue Idee geeignet, ein Teil Deines Business zu werden?

Als Scanner hast Du eine wundervolle Gabe: Du kannst Dich für so ziemlich alles begeistern. Dir macht so vieles Spaß, dass ein Thema, das Dich nicht fesseln könnte, erst noch von Einstein entdeckt werden muss.
Das bedeutet wiederum, dass es Dir ziemlich schwer fallen

dürfte, aufgrund des WAS Entscheidungen für oder gegen eine Sache zu treffen.

Bringen wir das WIE ins Spiel: Legst Du den WIE Filter über einen Impuls, entdeckst Du schnell, dass es nur wenige Wege gibt, als Tierpfleger 5-stellig zu verdienen (die Kids von Steve Irwin machen das aber erfolgreich, nur so als Inspiration).
Dir fällt auf, dass sich manche Konzepte mehr dazu eignen, schnell erfolgreich zu werden.
Leichter auf passive Angebote umzustellen sind.
Mehr Ortsunabhängigkeit bieten.

Hast Du schon immer davon geträumt, Deine eigene Praxis zu führen mit Blick auf den Schliersee? Dann verfolge eher andere Ideen, als Sofort-Lösungen für digitale Nomaden in Bali anzubieten.

Dein Facettenreichtum ist das, was Dich so besonders macht und etwas so Schönes. Und gleichzeitig kann es Dich in eine Business Identitätskrise stürzen, wenn Du nicht prägnant verpackt bekommst, was Dich für deine Kunden ausmacht.
Hast Du schon einmal jemanden gesehen und gedacht "Wow!"? Jemanden, der groß wirkt, bedeutsam, klar, überzeugend, begeisternd.
Diese Person hat Dich mit ihrer Ausstrahlung gefesselt. Und vielleicht kommt Dir ja gerade in den Sinn:

"So will ich auch sein!"?
Dann lass uns daran arbeiten.

Ausstrahlung ist nämlich auch ein Positionierungsthema. Was uns an Menschen mit starker Ausstrahlung anzieht, ist ihre Klarheit. Diese Menschen "wackeln" nicht. Wirken nicht unsicher, müssen ihre Ansichten nicht umständlich erklären. Stammeln nicht herum. Ihr Ausdruck ist eindeutig. Sie wissen, was sie wollen und welchen Weg sie gehen, um dorthin zu kommen.

Vielleicht nimmst Du so einen Unterschied auch zwischen Dir und anderen Anbietern in Deiner Nische wahr: Sie machen das Gleiche wie Du - nur besser. Mach Dich bereit, aufzuholen!

Mit dem, was Du in diesem Buch lernst, wirst Du Dich zu dieser Person entwickeln. Du wirst gewissermaßen zu Deinem eigenen Vorbild.

Das Allerwichtigste für Scanner Persönlichkeiten ist, ihre Vielfalt zu kanalisieren, die Freude daran zu entdecken, und trotzdem ihre Sprache zu finden, um kristallklar nach draußen wirken zu können.
Dann betrittst Du einen (virtuellen) Raum und Deine Zuhörer wissen sofort, um was es geht. Deine Ausstrahlung wirkt anziehend.

Es ist also eine Frage der Einstellung und Perspektive, Dein Handeln so auszurichten, dass Du die Menschen dazu EIN-LÄDST, Dich kennenzulernen.

DAS TÜR-ZU-HALTE-SYNDROM

Gerade Coaches und Experten, die schon "alte Hasen" auf dem Coaching-Markt und in der Selbständigkeit sind, tragen oft Narben. Narben, wie:

"Ich finde, Verkaufen ist so ein blödes Wort."
"Ich will mich den Menschen nicht anbiedern."
"Ich will, dass die richtigen Menschen mich einfach finden und kommen, ohne dass ich so viel Marketing Kram mache."

Einige davon stammen von früheren Verletzungen. Vieles, was mit der Selbstwahrnehmung und sozialen Rolle zu tun hat ("Ich will mich nicht anbiedern") hat seine Wurzeln tatsächlich in der Kindheit. Andere sind Produkt von schlechten Erfahrungen ("Der Verkäufer war voll blöd"), oder sind Ausdruck von Frust darüber, dass man die Flut von "Das ist richtig, das ist falsch was Du machst" nicht mehr sortieren kann.

Und Achtung, in den nächsten Absätzen werde ich ein

bisschen an Deiner verkrusteten Narbe herumkratzen müssen. Bringt aber was, versprochen!

Wenn Du ein Thema mit "Verkaufen" ODER, und das ist noch viel häufiger und gewichtiger, mit "ANBIETEN" hast, dann sabotierst Du Dich auf jedem Deiner Schritte selbst. Du kannst dieses Buch, jeden Kurs und jedes Training, das Du jemals gekauft hast, in eine Schubkarre legen, auf die nächste Wiese schieben und anzünden.

Hast Du ein Thema mit "ANBIETEN", hälst Du potentiellen Kunden die Tür vor der Nase zu.
Ich spreche im Folgenden nur noch von "Anbieten", weil "Verkaufen" in diesem Fall mit eingeschlossen ist.

Da man dieses Verhalten bei sich selbst quasi nie sehen kann, will ich Dir helfen, es bei Dir zu identifizieren. Das "Tür-zu-halte-Syndrom" ist ein klassischer Blinder Fleck. Erkennst Du bei Dir eines der folgenden Symptome?

Du bietest statt eines "Erstgesprächs" lieber eine Sprechstunde oder eine gratis Beratung an, um ganz viel Mehrwert zu geben und Dein Gegenüber nicht mit zu aufdringlichem Verkäufer Verhalten abzuschrecken. Es ist Dir wichtig, dass Dein Gegenüber am Ende etwas mitnimmt, und sich dann aus freien Stücken selbst melden kann, wenn er oder sie mehr erfahren möchte oder Interesse an Deinem Angebot

hat. Wenn sie wollen, können sie ja jederzeit fragen.
Was bist Du nur für ein selbstloser Samariter! Fühlt sich toll
an, sich ethisch korrekt zu verhalten und ein "guter" Experte
zu sein. Schließlich gilt ja auch: "Kein Coaching ohne Auf-
trag", was?

Dödöm! Zeit für einen Perspektivwechsel:

Da ist jemand so mutig und bucht sich ein Gespräch mit
Dir. Nimmt sich Zeit und kommt voller Hoffnung und Bauch-
schmerzen in Deinen Call- NUR UM DANN ABGESPEIST ZU
WERDEN?
"Na toll, jetzt muss ich wieder alleine dran arbeiten. Ich
hab' total die Nase voll von "Tipps". Ich habe endlich einen
Aha-Moment gehabt und würde da gerne dran bleiben.
Vielleicht schaffe ich das ja ein bisschen alleine, aber weiß
nicht, ob das der große Wurf war... Ich will, dass mich end-
lich mal jemand sieht und mich an die Hand nimmt!"

Du hast diesen armen Menschen am ausgestreckten Arm vor
Deiner Tür verhungern lassen.
Nachdem er sich überwunden hat, endlich mal die Hosen
runter zu lassen und aktiv zu werden, hast Du ihn einfach
nur vor eine nächste Entscheidung gestellt:

"Und, wie verbleiben wir jetzt?"
Oder noch schlimmer:
"Nimm doch das, was wir heute besprochen haben, erstmal

mit und mach Dir Gedanken darüber. Glaubst Du, da waren schon Ansätze dabei, die Dir helfen?"

Wer zum Geier soll denn darauf "Nein" antworten? Das wäre total unhöflich! Nicht wertschätzend Deiner Expertenzeit gegenüber, zu sagen, "das reicht mir aber noch nicht, ich will eigentlich wissen, wie wir das Problem langfristig in den Griff kriegen. Kannst Du mir nicht mal erzählen, wie wir richtig zusammen daran arbeiten können?"
Hast Du eine Vorstellung davon, wie viel Willensmuskelkraft es braucht, um als Dein Gegenüber so die Intitiative zu ergreifen?

Du siehst also, dass das Verhalten, das Du Dir als Gegenreaktion für Deine schmerzhaften Vernarbungen antrainiert hast, am Ende Deinen Kunden schadet.
Hältst Du Dich vornehm zurück und überlässt die Entscheidung "ganz frei" dem anderen machst Du nur eins:
Einen schlechten Job als Berater.

Dein Job als Anbieter ist es, Klarheit und Führung auszustrahlen. Wir haben gelernt, dass die "Treppe", über die Dein Lieblingskunde in spe zu Dir hoch klettert, verdammt anstrengend sein kann.
Alte Glaubenssätze, die einen früher schon davon abgehalten haben, sich Hilfe zu holen, müssen überwunden werden.
Dinge, vielleicht finanzielle, vielleicht zeitliche, müssen

gemanagt werden. Man muss sich auf etwas Neues einlassen, und bekanntermaßen haben Menschen damit ein
evolutionär bedingtes Problem: Es ist verdammt mühsam,
den Poppes hochzukriegen und aus der Komfortzone her-
ausklettern.

Hilf ihnen dabei!
Unterstütze sie dabei, die Entscheidung für die
Veränderung, die sie brauchen, treffen zu kön-
nen.

Natürlich bedeutet das auch, dass Du entsprechend Menschen, für die Du Deine Lösung als nicht geeignet empfindest, auch darauf aufmerksam machen darfst. Manchmal
passt das Timing noch nicht. Manchmal passt es menschlich
nicht. Auch bei "Neins" darfst Du die Führung übernehmen
und ihr könntet am Ende Eurer Gespräche auch bei einem
"Nein" oder "Noch nicht" herauskommen.

Führen bedeutet also nicht "aufquatschen"!

Nochmal, warum ist Führung so wichtig?
Weil Entscheiden schwer ist! Immer ein Stück raus, ins Un-
bekannte. Sich neuen Situationen stellen! Da sträubt sich das
alte, beschützerische Neandertaler-Hirn umso mehr:
„Bleib lieber hier, da wo wir sind, hier passiert uns weniger
als da draußen!"

Sei der Wegbegleiter, der Fackelträger für Deine Interessenten.

Zurück zu den Symptomen:

"Ja, mir war klar, dass sie das große Paket vom Preis her schocken wird. Deswegen hab ich meiner Bestandskundin, die jetzt verlängern will, noch die üblichen Einzelstunden verkauft."

Das ist original ein Satz aus einem Call mit meinen Kunden. Meine Antwort:
Denk nicht für den Kunden!

Auch das ist ein klassischer Fall von "Tür-zu-halte-Syndrom". Du versucht, getarnt als nette Tat oder Geste, den Kunden zu bevormunden.

Und ich bin nochmal fies: Bevormundung ist nicht besonders respektvoll.

Lege Dir lieber einen S-O-S Abstufungsplan, bzw. „Down-Sales", zurecht für solche Situationen:
Dein erstes Angebot sollte immer Dein "Core Offer" sein.
Dein Hauptangebot, das Du auch gerade primär verkaufen willst.
Ich wiederhole, das, was Du am liebsten verkaufen willst, ist das erste, über was Du sprichst!

Denk an die Führung. Du strahlst Klarheit aus, indem Du dem Kunden die beste Option präsentierst.

Solltest Du dann einen berechtigten ("Ich kann mir das gerade nicht leisten, ich habe nur ein Budget von xy") oder einen emotionalen ("Ich fühle mich überhaupt nicht gut dabei, diesen Schritt so zu gehen") Einwand spüren, kannst Du den Abstufungsplan umsetzen.

Biete ein angemessen kleineres Paket an ("Kein Problem, in dem Fall hab ich was, was vielleicht noch besser passt...").

Tu nur eins nicht: Denke nicht für den Kunden. Denk nicht darüber nach, dass er oder sie bestimmt das Geld nicht hat. Das beste Mantra dafür: **Jeder kann jederzeit im Lotto gewinnen.**

Du musst Dir im Klaren darüber sein, dass Du immer das Angebot am häufigsten verkaufen wirst, von dem Du denkst, dass Du es am leichtesten verkaufen kannst. **Dein Standard, Dein Default ist entscheidend.** Auch da sind Deine Klarheit und Deine Führung entscheidend für Deinen Erfolg.

Spürst Du in einer Situation, in der Du mit einem Kunden in spe sprichst, Unsicherheit, dann ist das zu 99% die Unsicherheit, die Du ausstrahlst auf Dich zurückgespiegelt. Denk mal an vergangene Situationen, in denen Du die Unsicherheit Deines Gegenübers gespürt hast und reflektiere ehrlich, ob Du in der Situation der Fels in der Brandung warst.

Wahrscheinlich nicht.

Da kommt wieder unser Freund EIGENTLICH ins Spiel. Willst Du „eigentlich" ab sofort Dein neues Programm verkaufen, aber „eigentlich" wärs' ja auch ok, wenn sich die Person für Einzelstunden oder ein kleineres Paket entscheidet, dann ist Deine Empfehlung nicht klar.

Du denkst nur aus Deiner, aus der Anbieter Perspektive.

Du würdest Dich über jeden Abschluss freuen. Das ist aber ziemlich egoistisch.

Wenn Du Dir überlegst, aus welcher Art der Zusammenarbeit Dein Gegenüber den meisten Mehrwert zieht und sein Problem am schnellsten, am nachhaltigsten UND am besten lösen kann, dann ist das das Produkt, das Du anbieten solltest.

Und wenn Du Deinen Job richtig gemacht hast, ist das nicht hier und da mal eine Einzelstunde oder ein Minikurs. Sondern Dein Premium Paket. Richtig?

Um diese Angebote leicht zu verkaufen, nein, leicht kaufen lassen zu können, musst Du dieses Gedankenspiel anwenden. Du musst Deine Glaubenssätze umdrehen und auch dahinter stehen.

Woraus ziehen Deine Kunden den meisten Mehrwert? Wie können sie ihr Problem am schnellsten, am nachhaltigsten

UND am besten lösen?

Wenn Du gedanklich diesen Switch schaffst, verspreche ich Dir, dass Deine Abschlussquoten insgesamt und vor allem für dieses Angebot nach oben gehen werden.

DU LÄSST DIE MENSCHEN AUF EINMAL DAS RICHTIGE KAUFEN.

Merkst Du, dass das genau das Gegenteil davon ist, die Tür zuzuhalten?

INITIATIVE

Bereit für einen totalen "Deep Dive" in die Verkaufspsychologie?

Durch Deine Marketingkommunikation müssen Menschen INITIATIVE ergreifen wollen.

Initiative bedeutet, dass Menschen den Impuls haben, zu handeln und das auch tun. Dass sie also z.B. auf Deinen Link klicken, ein Beratungsgespräch buchen, oder auf "kaufen" drücken.
Es ist also ein "Vorgang", der für unsere Arbeit sehr zentral ist, den wir oft brauchen. Und deswegen ist es eine der elementarsten Dinge, dass Du weißt, wie Du bei Deinem Gegenüber Initiative gezielt auslöst. Wie Du das systematisch tust und immer wieder wiederholen kannst.
Wie Du das als Werkzeug einsetzt.

Initiative ist ein Vorgang, der einen biochemischen Auslöser im Gehirn hat. Ein komplexer Prozess, eine Handlung zu beginnen, der also abläuft, oder halt nicht. A oder B. Du erinnerst Dich?

Knapp daneben ist auch vorbei.

Beobachtet man beispielsweise Menschen mit Demenz, so ist ein häufiges Symptom ein Mangel an Initiative. Sie sitzen da und tun weiter nichts. Weil ihr Gehirn gewissermaßen verlernt hat, Handlungen zu initiieren. Hoffentlich ist Dein Gegenüber quietschfidel, aber dieses Bild soll Dir ein für alle Mal klar machen, dass "aktiv zu werden" eine verdammte Aufgabe ist, die man niemals unterschätzen darf.

Habe Respekt vor Deiner Zielgruppe. Was für einen Menschen ganz einfach ist, kann für einen anderen unüberwindlich sein, wenn entsprechende Gedanken oder Glaubenssätze im Weg stehen.

Dieses Prinzip ist eine Ergänzung zur "Treppe" und beschreibt, was es braucht, um von einer Stufe auf die andere zu gelangen.
Und es ist Deine Aufgabe, den Drang, Initiative zu ergreifen, zu fördern.

Hier trennt sich die Spreu vom Weizen. Einen Content Plan mit einer Canva Vorlage erstellen, kann jeder. Verkaufspsychologisch zu optimieren, ist der Clou.

Um Initiative zu fördern, kannst Du folgende Techniken anwenden:

Der nächste logische Schritt.
Baue in Deine Call To Actions, also in Deine Aufrufe, aktiv zu werden (z.B.: "Klicke auf den Link in meinem Profil!", "Folge mir für mehr!") Transition-Formulierungen ein:

Sorge dafür, dass sie die Verantwortung abgeben können:
"An dieser Stelle braucht jeder in einer xy Situation mehr Informationen zum Thema xy. Die findest Du z.B. auf meinem Blog unter..."
Lass es nicht so klingen, als ob sie eine Entscheidung treffen müssen, sondern dass etwas Standard, normal, unausweichlich ist.

Sorge dafür, dass sie nicht nachdenken müssen:
"Der nächste logische Schritt ist, Dein eigenes xy Tagebuch zu führen. Eine kostenlose Vorlage findest Du unter dem Link auf meinem Profil."

Erzeuge eine Dynamik, die zum Selbstläufer wird:
„Willkommen zur xy Challenge Part 4! Heute schreiben wir gemeinsam eine xy Liste. Morgen zum großen Finale treffen wir uns in meinem zoom Raum. Melde Dich schnell an unter dem Link auf meinem Profil."

Mit solchen verkaufspsychologisch optimierten Formulierungen nimmst Du quasi eine Feile in die Hand, und bearbeitest nochmal die Kanten Deiner metaphorischen Treppenstufen. Dadurch machst Du es Deinem Lieblingskunden noch viel einfacher, die Initiative zu entwickeln, um die nächste Stufe zu erklimmen.

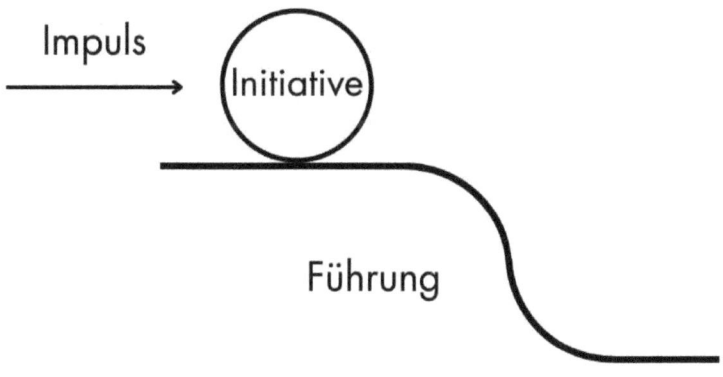

Impuls → (Initiative)

Führung

Du siehst, mit unseren Impulsen lösen wir Initiative aus. Doch wass passiert danach?

Nimm nicht die Hände hoch und geh zurück in die Passivität. Führe Deine Lieblingskunden auf die richtige Spur, zum nächsten Schritt.

Dein größter Fehler wäre, zu denken, dass sie wissen, wie es weitergeht. Schließlich bist DU der Experte! SIE haben keine Ahnung, wie der Hase läuft. Du musst für sie da sein und für sie die Lücken im Selbstvertrauen, im Knowhow und bei den technischen Schritten, die sie zu Dir führen, füllen. Hol Dir Feedback aus der Zielgruppe ein, ob die Inhalte auf Deiner Website oder Deiner Landingpage tatsächlich verständlich sind, oder ob wichtige Informationen fehlen.

Was für Dich klar ist, ist genau das, was Dein Gegenüber noch nicht weiß!

Das Thema „Führung" ist mit der Notwendigkeit, bei der Initiative zu unterstützen, eng verbunden.
Du führst Dein Gegenüber bei jedem Schritt die Treppe hinauf. Du bist Partner bei einer Transformation, nicht Verkäufer eines Angebots!

DU weißt, wo es lang geht. DU hast schon oft gesehen, dass es möglich ist. DU hast bereits das Vertrauen in Deine Methoden, in Dein Gegenüber, dass auch sie es schaffen können.
Deine Lieblingskunden in spe haben all das womöglich noch nicht.

Also zeig es ihnen einfach!

Der imaginäre Kreis schließt sich. Durch all diese Bilder, die Treppe, die Feile, die Krücken, die Dein Gegenüber trägt, die Leitplanken, die Du zur Führung installierst - all das bildet ein großes, verkaufspsychologisch optimiertes SYSTEM.

Das ist das System, die Logik, die Du gesucht hast und an der Du Dich orientieren kannst, um Deine individuelle Marketingstrategie aufzubauen.

Du musst jetzt nur noch die Zahnräder an die richtige Stelle setzen.

TEIL ZWEI

Der Inhalt

MEHRWERT

Marketing ist NICHT gleich Mehrwert vermitteln.

Die wohl primitivste Aussage, die jemals im Marketingkontext populär wurde, ist: "Gib Deiner Community viel Mehrwert, sodass sie den Wert Deiner Angebote erkennen!"

Es gibt damit zwei Probleme:
Mehrwert ist nicht immer das, was Deine Community gerade braucht und will.
In den meisten Situationen kann der Mehrwert gar nicht verarbeitet werden.

Stell Dir vor, Du stehst gerade an der Bushaltestelle, hast Deine Kopfhörer zu Hause vergessen und willst Dir ein Video anschauen. Das geht nur mit Untertiteln. Die Sonne blendet auf dem Display, auf der Hauptstraße vor Dir rauschen die LKWs vorbei und nebenbei musst Du aufpassen, dass Dir Hund und Kind nicht entwischen und auf die Straße laufen. Bist Du in diesem Szenario in der Verfassung, eine hoch

informative Infografik zu konsumieren?
Oder wenn Du todmüde nach einem langen Tag im Bett
liegst. Dein Partner liegt schon schnarchend neben Dir und
Du scrollst noch ein wenig über Instagram - "nur noch fünf
Minuten" denkst Du Dir, während Dir immer wieder die
Augen zu fallen.

Deine Community, die Menschen, die Deine Marketingbot-
schaft, Deinen Content konsumieren sollen, tun das viel öfter
in solchen Kontexten, als mit wachem Verstand und gezück-
tem Stift am Schreibtisch.
Natürlich sollen Deine Aussagen Hand und Fuß haben- aber
die Qualität der Performance Deines Marketings definiert
sich durch einen kleinen Effekt, einen Aha-Moment, eine
unterhaltsame Frequenz oder eine berührende Stimmung
- und nicht dadurch, wie viele Tipps Du in einen Beitrag
packen kannst.

Weniger Mehrwert ist mehr.

Denke eher in Aha-Effekten. Das ist die "Portionsgröße", in
der Mehrwert in den meisten Situationen noch gut aufge-
nommen werden kann.

Zum Beispiel:
"Warum Du nie Kaffee ohne ein Glas Wasser trinken solltest: Kaffee entzieht dem Körper massiv Flüssigkeit und ist

dadurch Ursache verschiedener Disbalancen im Körper. Im nächsten Video erkläre ich Dir wie Du xy (hier Deinen thematischen Ausblick einfügen). Folge mir, um das nicht zu verpassen."

Um Dich noch mehr davon zu überzeugen, den König Mehrwert endlich zu stürzen:

Konzentrierst Du Dich ausschließlich auf den inhaltlichen Mehrwert, Deine Experten Qualität in Deinen Aussagen, machst Du den Fehler, über den wir im Kontext der "Treppe" im Zielgruppen Kapitel gesprochen haben.

Du darfst niemals vergessen, dass Dein Gegenüber mehr braucht, als die Aussicht auf die Lösung seines Problems, UND eine Zahl von Hürden überwinden muss auf dem Weg dorthin.

Zum Beispiel ist für manche Käufertypen unglaublich wichtig, von wem sie kaufen. Dann solltest Du Content erstellen, in denen Du zeigst, wer Du bist, wie Du arbeitest, wie Dein Weg bis zum jetzigen Punkt ausgesehen hat, wie sich die Zusammenarbeit mit Dir für Deine bestehenden Kunden anfühlt und so weiter.

Andere tragen mit sich herum, dass sie sich einfach noch nicht zutrauen, die Veränderung anzugehen.

Dann solltest Du gezielt mit Beiträgen ihr Selbstvertrauen aufbauen. Hero Journeys, Erfolgsgeschichten erzählen von Menschen, die mal in derselben Situation waren, wie sie es sind. Meditationsübungen anbieten, um die innere Stärke zu finden und so weiter.

Stell Dir einmal vor, Du betrittst einen Supermarkt. Aber statt der appetitlich angeleuchteten Smoothie Bar und der Wursttheke siehst Du nur gleichförmig aufgestellte Regale in langen Reihen und braune, rechteckige Packungen mit kleiner Schrift darauf.

Du musst schon eine der Packungen in die Hand nehmen und lesen, was darauf steht. Du bekommst exakte Informationen über den Nährwert des Inhalts, wie viele Kohlenhydrate und wie viel Eiweiß enthalten ist. Theoretisch kannst Du so also ermitteln, ob Du dieses Produkt "brauchst" und ob es zum Stillen Deines Hungers geeignet wäre.

Puhh!
Ich bin froh, dass solche Supermärkte nicht real sind und nur Teil einer düsteren Mehrwert orientierten Dystopie.
Und doch geht es Deinem Gegenüber so, wenn Du so arrogant über seine eigentlichen Bedürfnisse hinweg schaust und Dich lieber über Deinen Mehrwert definierst! Schließlich stillen Deine Nährwerte seinen Hunger viel besser als das Produkt vom Nachbarregal, das viel ungesünder ist!
... Ich hoffe, Du verstehst, worauf ich hinaus will.
Außerdem erfüllen verschiedene Inhalte immer eine unterschiedliche FUNKTION im Content.

Du solltest die Entscheidung, über was Du heute sprichst oder postest, nie davon abhängig machen, was Du SAGEN willst.
Beachte bei der Contentplanung, was Du ERREICHEN willst!

Mit diesem gedanklichen Rahmen solltest Du nie wieder in die Verlegenheit kommen, Dich zu fragen, was Du denn heute nur posten sollst.

Schließlich hast Du ja an jedem Tag ein Ziel.

Mit den Tools, die Du in den kommenden Kapiteln kennen-
lernst, wirst Du genau ansteuern können, welches Ziel Du
mit jedem einzelnen Post erreichen willst.

Es macht einen Unterschied, ob Du...

... Deine Community aktivieren willst

... Ein Angebot vorstellen willst

... Follower gewinnen möchtest

... Deine Reichweite steigern willst

Für jedes denkbare Ziel gibt es eine funktional optimierte
Art, Beiträge und Videos zu gestalten.

Und Mehrwert zu geben ist nur ein Bruchteil der strategischen Arbeit.

Alleine dieser Gedanke rückt die Wichtigkeit von Mehrwert
schon in ein ganz anderes Licht und Du kommst aus Deinem
Gedankenkarussell heraus und in die richtige Bahn:

"Welche Art von Inhalt braucht mein Gegenüber jetzt, um
die nächste Stufe auf meiner Treppe erreichen zu können?
Ahh, wir sollten noch mehr Vertrauen in mich als Expertin
und Begleiterin aufbauen!

Was braucht mein Lieblingskunde, um Vertrauen aufzubauen?

Ahh, nicht noch eine Infografik, sondern meine Lieblings-kunden entscheiden vor allem über den ersten persönlichen Eindruck. Entsprechend werde ich mich heute in einer Story etwas ungeschminkter zeigen!"

Ähnliche Schlussfolgerungen kannst Du für alle denkbaren Ziele, die Dein Content erreichen soll, mit diesem logischen Schema treffen.

Wichtige Zwischenziele auf dem Weg zu einer erfolgrei-chen Strategie sind z.b. Reichweite und Sichtbarkeit zu er-zeugen, Follower zu generieren, Anmeldungen zu sammeln.

Diese Ziele beleuchten wir in den folgenden Kapiteln.

REICHWEITE & SICHTBARKEIT

Marketing bedeutet, Du musst stattfinden.

Das bedeutet Präsenz in verschiedenen Ausprägungen:

Timing.

Relevanz.

Präsentation.

Accessability.

Timing ist einfach erklärt. Du musst zur rechten Zeit am rechten Ort sein. Timing ist der Grund, weshalb wir in der Regel regelmäßig und kontinuierlich posten, und nicht nur ein einziges Mal in unserem Leben einen perfekten Beitrag raushauen:

Wir versuchen damit, jeden Tag für einen Menschen genau zur rechten Zeit am rechten Ort zu sein. Gerade dann vor seiner Nase zu landen, wenn er bereit dafür ist, sich mit dem Thema zu beschäftigen.

Timing ist der Grund, weshalb der erste Wert unseres Reichweiten und Sichtbarkeits Plans lautet:

Kontinuität.

Kontinuität sorgt dafür, dass wir zur rechten Zeit am rechten Ort sind. Wir schaffen dafür die Basis für optimales Timing, da wir dadurch unsere Sichtbarkeit für die relevanten Menschen erhöhen.

Vielleicht ist heute der Tag, an dem Dein neuer Lieblingskunde bereit für Deine Message ist!

Relevanz ist ebenfalls nicht schwierig zu verstehen: Wir müssen den Menschen genau das an Inhalt bieten, wofür sie gerade aufnahmefähig sind und was ihr Interesse weckt. Relevanz ist übrigens nicht gleich Mehrwert, ich denke, das wird in diesem Zusammenhang nochmal deutlich.

Wir müssen also unsere Inhalte relevant gestalten, oder präziser ausgedrückt:

Nutzerpsychologisch optimierte Inhalte veröffentlichen.

Dieser Baustein sorgt dafür, dass wir unseren Lieblingskunden die perfekte "Treppe" bauen und sie bei der Entscheidung, unser Kunde zu werden, begleiten.

Präsentation in diesem Zusammenhang bedeutet, für die Sinnesorgane unserer Lieblingskunden greifbar zu werden. In unserem digitalen Anwendungsbereich sind das in der Regel die Augen und die Ohren, die uns erfassen.

Wir wollen uns zum Einen quantitativ und zum Anderen

qualitativ präsentieren:

Deine **Contentstrategie** sollte darauf ausgerichtet sein. Du brauchst zwei präzise eingestellte und überwachte "Arme", die für Dich auch zuverlässig funktionieren und gesteuert werden können. Ein "Arm" für die quantitative Ausspielung. Du brauchst einen Weg, um zuverlässig möglichst viele Menschen aus Deiner Zielgruppe zu erreichen.

Der andere "Arm" muss so funktionieren, dass er gezielt die neuen Community Mitglieder bzw. Zuschauer abholt und unsere Treppe hinauf spült. Aus kalten Kontakten sollen heiße Kundenanfragen werden.

Accessability bedeutet, dass Deine Messages idealerweise immer und überall für Deine Zielgruppe extrem leicht erreichbar sein sollte.

Omnipräsenz ist hier das Zauberwort. Sei dort, wo Deine Zielgruppe ist. Sorge dafür, dass kein Weg an Dir vorbei führt.

Dominiere Schritt für Schritt ihre Lieblings-Plattformen, ihre Lieblings-Medien und kooperiere mit ihren Lieblings-Creators.

Und sei sichtbar. Verstecke Dich nicht hinter inspirierenden Zitaten oder hübschen Canva Grafiken. Stehe zu Dir und Deinen Angeboten. Mach Dich bereit, auch anzuecken.

Eine Zauberformel fürs Mindset dazu:

Egal für was Du stehst und was Du tust; Die Menschen werden immer über Dich urteilen. Also such' Dir wenigstens aus, wofür Du be/verurteilt werden willst.

WIE ERREICHE ICH VIELE MENSCHEN MIT MEINEM CONTENT?

Richtig Spaß macht ein Business, wenn Du irgendwo eine Community ab 500-800 Menschen um Dich hast. Mal davon ausgehend, dass das auch echte Menschen sind, größtenteils aus Deiner Zielgruppe.

Ein paar Superfans aus Freunden und Familie sind entgegen der landläufigen Meinung übrigens nicht unerwünscht in unserer Reichweite, im Gegenteil. Als Teil einer gesunden Community sind sie wertvolle, Dir wohlgesonnene und interessierte Community Mitglieder. Viele Interaktionen und lange "Watchtime", also die Zeit, die Deine Videos auch angeschaut werden und nicht nur, wie oft sie angezeigt werden, sind Relevanzindikatoren für Instagram & Co und deshalb ein Boost für Deine Ausspielung.

Aber zurück zum Spaß: Warum brauchst Du eine gewisse Community Größe?
Erstens und naheliegenderweise natürlich, um an eine gewisse Menge von Menschen Angebote machen zu können.

Es ist immer auch ein Zahlenspiel: Wenn 30% kaufen, sind das unterm Strich bei 100 Interessenten weniger Käufe als bei 800.

Aber, und dieses Thema wird konsequent von allen Business Coaches da draußen völlig unterschätzt: Du kannst mit mehr Menschen auch viel bessere Systeme durch Feedback und Community Studien aufbauen.

Mit nutzerpschologischen Methoden gestalte ich jedes Marketing System und jede Strategie so, dass Erfolge reproduzierbar werden und der Erfolg von Angeboten nachgewiesen und vorhergesehen werden kann.

Durch gezielte Analysen finden wir mit einer kooperativen, aktiven Community heraus, was sie von einem Angebot brauchen, um es annehmen zu können und für welchen Schritt sie schon bereit sind. Welchen Preis sie akzeptieren, was ihre aktuellen Glaubenssätze sind, und so weiter.

Und das macht ein Angebot zum Erfolg, noch bevor wir die Inhalte des Angebots fertiggestellt haben.

So sparst Du Dir die Enttäuschung, lange ein perfektes Produkt zu kreieren, Videos aufzunehmen, Software zu bezahlen, nur, um am Ende festzustellen, dass niemand Interesse daran hat.

Je mehr Menschen in Deiner Reichweite sind, je mehr Menschen an Deinen Tests teilnehmen können, desto besser sind

Deine Erkenntnisse und desto besser kannst Du strategisch arbeiten.

Da wie gesagt kaum ein Business Coach tatsächlich einen wissenschaftlichen nutzerpsychologischen Background hat, wird dieses Mittel des strategischen Marketing kaum beleuchtet oder beachtet. Unterschätze jedoch niemals seine Wichtigkeit. Es ist Wissen, dass bei all den googlebaren Grundlagen tatsächlich noch einen gewissen Standard hat. Vertieftes Wissen in diesem Bereich kann zu Deiner Geheimwaffe werden.

Selbst kein Feedback ist auch ein Feedback.

Nichts ist so beruhigend in diesem aufregenden Spiel des Online Business, als diese Erkenntnis:
Alles, was geschieht, sind einfach nur wahrnehmbare Insights, bzw. Einblicke. Es gibt also keine Misserfolge mehr. Jedes Ereignis liefert einfach Daten, die wir verarbeiten können, um besser zu werden. Auch, und erst recht, wenn etwas nicht geklappt hat.

Nehmen wir an, Du stellst eine Frage, auf die keiner antwortet. Option A) ist, dass Du genervt auf Instagram oder Deine Zielgruppe schimpfst.
Option B) ist, Du fragst Dich, was hinter diesen Insights steckt.
Wir fangen an, die Spur zurückzuverfolgen. Von wie vielen

Menschen wurde die Frage überhaupt messbar gesehen? Hast Du sie in Deiner Story gestellt, die jeden Tag von 20 Menschen gesehen wird? Dann würde ich empfehlen, erstmal daran zu arbeiten, dass mehr Menschen Deine Story zu sehen bekommen.

Werden Deine Interaktionsangebote wie diese beispielhafte Frage auch ignoriert, wenn jeden Tag 100 Menschen Deine Story sehen, dann haben wir ein anderes Problem.
Dann würde ich mir anschauen, wie schwierig die Frage formuliert ist. Und wie schwierig und komplex es ist, sie zu beantworten.
Als Kontrollpunkt würde ich eine Story posten, die der Community eher etwas gibt, als ihnen etwas zu nehmen.
„Gib" ihnen eine Dopaminausschüttung, sodass sie nicht das Gefühl haben, dass Du ihnen ihre Zeit „nimmst".
Smalltalk oder etwas Entertainment funktionieren dazu immer.

Menschen sind auf sozialen Umgang gepolt. Wenn sie Dich regelmäßig sehen und dann mit einer unterhaltsamen Frage, z.B. "trinkst Du Kaffee schwarz wie Deine Seele oder mit lecker Milchschaum?" konfrontiert werden, sollte ein gewisser Teil Deiner Zuschauer interagieren.
Dann würde ich die Komplexität der Frage schrittweise steigern, um herauszufinden, ab wann die Community

aussteigt. Das gibt uns Aufschluss darüber, auf welcher Stufe sich die Menschen befinden und was sie brauchen, um die nächste Stufe zu erklimmen.

Dieses Vorgehen kannst Du auf jedes Symptom übertragen. Ob Dein Angebot auf taube Ohren stößt oder niemand Deine Beiträge kommentiert - nimm die Spur auf! Es gibt so viel zu entdecken, was Dir direkt sagt, was zu ändern ist. Deine Community spricht durch ihre Handlungen zu Dir. Und nicht zu handeln ist manchmal der lauteste Schrei von allen.

Und, wie zuvor ausgeführt, je größer Deine Community, desto mehr Grundaktivität, desto mehr Dynamik herrscht und desto belastbarer sind die statistischen Erkenntnisse.

Das heißt übrigens nicht, dass Du jederzeit jeden Insight von Dir durch eine Excel Tabelle jagen musst. So viel Rechnerei ist nicht notwendig. Aber ich würde Dir vor allem am Anfang Deiner strategischen Reise empfehlen, Deine Zahlen recht gut auf dem Schirm zu haben. Zum Beispiel als Routine täglich zu überschlagen, wie viele Menschen Deine Story gesehen haben.
Du solltest auf jeden Fall wissen, ob es eher 50 oder 60 sind, und ob der Trend eher nach oben oder unten geht. Behalte den Überblick und die Kontrolle. Nicht perfektionistisch, aber gut genug, um Sachverhalte objektiv einordnen

zu können. In der strategischen Arbeit bringt uns ein "keiner schaut meine Story :-(" leider gar nichts.

Sorge dafür, dass Du die tatsächliche Zahl auf den Schirm bekommst und ergreife Maßnahmen, das zu ändern (dazu kommen wir noch). Dann überwache Deinen Fortschritt und sieh, ob Deine implementierten Veränderungen den gewünschten oder gegenteiligen Effekt haben. Also ob z.B. Deine Story Views steigen oder sinken.

TEIL DREI

Die Content Gestaltung

CONTENT ERSTELLUNG

Unter uns Scannern empfehle ich Dir immer unter der Vielzahl aller Wege, die, die von ihrer Natur aus die niedrigsten Widerstände bieten. Bedeutet nicht, dass Du oder andere nicht auf anderen Wegen zum Ziel kommen können. Ich spreche meine Empfehlungen aber immer gemäß dem Prinzip des besten Kosten/Nutzen Verhältnisses aus. Ich weiß, dass es Dir wichtig ist, schnell Erfolge zu sehen. Schnell zu erkennen, dass Du auf dem richtigen Weg bist, um motiviert zu bleiben.

Den Weg, der steinig und schwer ist, überlassen wir gerne den anderen.

Sonst langweilt sich Dein Hirn schnell. Generell müssten sich bei all den Maßnahmen, die ich Dir weitergebe, sehr schnell entsprechende Effekte einstellen.

Sprechen wir von einzelnen Content Pieces sollte eine größere Reichweite oder mehr Story Interaktionen beinahe sofort, also nach wenigen Posts, sichtbar werden.

Da wir nun über die Wichtigkeit Deiner Zahlen und Insights gesprochen haben, lass uns uns dem spannenden Thema widmen, wie wir dafür sorgen, dass Du viele Augen auf Dich gerichtet bekommst. Natürlich unter der Prämisse, dass es sich auch um die Augen von Interessenten und potentiellen Käufern handelt.

Du solltest auf Deiner Hauptplattform für Deine Reichweite mit sogenannten Discover Kanälen arbeiten. Kanäle, also Arten von Medien, die technisch bedingt eine starke Dynamik bieten, fremde Menschen zu erreichen. Menschen, die zuvor noch nie von Dir gehört haben.

Beispiele dafür sind Tiktok (Videos und Fotos, die Plattform bietet Stand 2023 wohl die stärkste Discover Dynamik der populären Plattformen), Instagram Reels, Instagram Carousels (in etwas geringerem Maße), LinkedIn Beiträge (weil auf LinkedIn auch alle Kontakte quasi Fremde sind und es auf der Plattform wohl aktuell am einfachsten ist, das Netzwerk zu vergrößern).

Hast Du Zugriff auf Werbebudget, sind auch Werbeanzeigen auf allen Plattformen Outreach-, bzw. Discover Kanäle.

Als Discover Kanäle eher ungeeignet sind Dein Newsletter, ein Youtube Kanal (zwar darauf ausgerichtet, fremde Menschen zu erreichen, aber mit vergleichsweise sehr geringer

Dynamik) oder Dein Podcast, wenn Du keine Werbung darauf schaltest.

All diese Beispiele leben davon, dass Menschen anders als rein technisch darauf aufmerksam werden.

Also, dass sie zum Beispiel proaktiv nach Dir suchen, oder jemand, den sie kennen Dich empfielt.

Mit "rein technischer Dynamik" meine ich die Ausspielungs-dynamik, die man den "Algorithmus" nennt: Jeder Kanal hat seine ganz eigene technische Komposi-tion, wie die Ausspielung vorgenommen wird. Ausspielung bedeutet nichts anderes als: "Wem wird was wann ange-zeigt?"

Es werden nur wenige, ausgewählte Aussagen von Meta & Co. über die Wirk- und Funktionsweise des Algorithmus bzw. der Algorithmen veröffentlicht.

Eine gute Frage, die man sich als Leitlinie stellen kann, um Vorgänge zu durchschauen, ist: Wie will die Plattform von mir profitieren?

Jede Social Media Plattform will die Nummer Eins für die Internetnutzer sein. Die mit den meisten aktiven Nutzern bzw. Usern und mit der längsten Aufenthaltsdauer. Damit verdienen sie ihr Geld über Werbeeinnahmen und Co.

Du kannst davon ausgehen, dass jede Plattform ihre User zwar bestmöglich wirtschaftlich (aus-)nutzen will, also ihnen möglichst viel Werbung anzeigen möchte, und gleichzeitig sichergestellt werden muss, dass die User sich nicht ständig von Werbeaussagen belästigt fühlen.

Die Nutzungs- und Aufenthaltsqualität muss im Interesse einer Plattform für normale, private User immer so gut wie möglich sein und bleiben, um die Popularität der Plattform nicht zu gefährden.

Du solltest Dir ein Mindset aneignen, bei dem der Algorithmus Dein Freund ist, nicht Dein Feind. Gegen die Plattform, auf der Du aktiv bist, zu arbeiten, ist selten eine nachhaltige Strategie.

Schwimm mit dem Fluss, statt dagegen. Sich zu beschweren und zu meckern ist leider schick geworden. Ignoriere die Unkenrufe und konzentriere Dich darauf, herauszufinden, wo die stärksten Stromschnellen sind.

Wähle Dir für Dein Vorhaben möglichst viele Menschen aus Deiner Zielgruppe zu erreichen, also zunächst ein Mittel aus unserer Beispielliste aus.

Gehen wir im Weiteren davon aus, dass Deine Hauptplattform Instagram ist und sich deshalb Instagram Reels anbieten. Unsere strategischen Entscheidungen lassen sich aber auch auf Tiktok und Videoformate auf anderen Plattformen übertragen, sofern nichts weiter angemerkt wird.

Ziel definieren
z.B. "Viele fremde
Menschen erreichen"

Richtigen Kanal wählen
z.B. Kanal mit "Discover"
Dynamik nutzen (Reels etc.)

Richtiges Format wählen
z.B. Kurzformat mit max. 8
Sekunden, starker Hook,
klarer Kontext

Auswerten
Die richtigen Zahlen beachten! Bei Optimierung
auf Reichweite solltest Du die Reichweite
betrachten, nicht Conversions oder Interaktion!

Optimieren
Ziehe aus den Daten und Feedback die richtigen
Schlüsse. Passe das Format ggf. an, wenn der
gewünschte Effekt nach ein paar Beiträgen noch
nicht eingetreten ist.

Denken wir die Gestaltung dieses Contents mal ganz zu Ende:

Erstellst Du Content in Form von Reels, also Kurzvideos auf Instagram und mit dem Ziel, dass möglichst viele fremde Menschen auf Dich aufmerksam werden, so musst Du bei ihrer Gestaltung einige Dinge beachten:

Achte auf extrem prägnante Eröffnungen, sodass die Zuschauer in den ersten 1,5 bis 2 Sekunden entscheiden können, ob das Thema für sie relevant oder interessant ist oder nicht. **Du musst sie schon in dieser kurzen Zeit "catchen".**

So einen knackigen Einstieg nennen wir "Hook".
Dabei kommt es nicht nur auf den Inhalt Deiner ersten Aussage, sondern vor allem auf die Formulierung an:

Ein Beispiel:
"Wenn Du Dich ständig fragst, wie Du Deine tägliche Routine…"
Beachte, bis "tägliche Routine" ist der Satz vollkommen inhaltslos.

Wähle Formulierungen, bei denen der Schwerpunkt am Anfang des Satzes liegt:
"Die Routinen der Top-Speaker: Das brauchst Dein Geist morgens wirklich…"

So erreichst Du, dass das Interesse der Menschen in der ersten Sekunde geweckt wird und sie an Deinem Content kleben bleiben.

Auch die gesamte Länge des Videos oder auch eines Textbeitrages ist zu beachten, wenn Du Deinen Content auf ein konkretes Ziel hin optimieren möchtest.

Um schnell viel Aufmerksamkeit und Reichweite zu generieren, sind extrem kurze Formate am zuverlässigsten geeignet. Um bei Videos zu bleiben, sprechen wir hier von einer Dauer bis ca. acht Sekunden.

In dieser Zeit ist natürlich kein Raum für lange Erklärungen. Du kannst aber beispielsweise mit Statements arbeiten, die ruhig auch etwas kontrovers angelegt sein können.

Ein Beispiel:
"Wenn Du glaubst, Deine Zielgruppe hat ein Thema mit Geld, hast DU wahrscheinlich ein Thema mit Geld!"

Wähle in solchen Super-Kurzformaten extrem einfach zu erschließende Themen. Die Zielgruppe, auf die der Inhalt zugeschnitten ist, muss ein gutes Hintergrundwissen haben. Sie müssen mit ihrem Verständnis der Sache etwas mit dem Inhalt Deines Posts anfangen können.
Dieses Format lebt von wirkungsvoller Verkürzung!

Wieso sind solche Formate für Reichweite unter bisher fremden Usern so erfolgreich?

Es spielen auf der einen Seite technische und auf der anderen Seite verhaltenspsychologische Aspekte zusammen: Die "Watchtime", also die Zeit, die Dein Video abgespielt und angeschaut wird, ist ein wichtiger Relevanz Indikator für den Algorithmus. Es wird also gemessen, wieviel Prozent der Gesamtlaufzeit eines Videos tatsächlich angeschaut wird, und wann die Zuschauer evtl. abbrechen und weiter scrollen. Wird ein Video fast immer zu Ende geschaut, weil es so kurz ist und man als Zuschauer kaum die Chance hat, sich zu langweilen, landen wir prozentual bei einem sehr hohen Wert.

Eine hohe Watchtime ist also ein Indikator für ein interessantes Video und der Algorithmus wird den Content wahrscheinlich noch mehr Profilen ausspielen.

Richtig ist natürlich, dass Du in solchen extrem kurzen Formaten wenig Platz hast, um Vertrauen aufzubauen, eine interessante Ansicht zu teilen oder über Dein Angebot zu sprechen. Dafür brauchst Du längere Texte oder, wieder im Video Kontext, längere Videos. Wenn ein User Dich schon aus einem kurzen Video kennt und einige Male gesehen hat, wird er mit der Zeit bereit sein, auch mehr Zeit in Dich zu investieren und auch anderen Content, also auch längere Videos von Dir zu konsumieren.

Auf diese Phase optimieren wir im nächsten Schritt mit ausführlichen Inhalten, die Vertrauen aufbauen, Deine Ansichten darlegen oder Mehrwert vermitteln können.

Eine gute Daumenregel für die Länge für diese Videos liegt nach dem aktuellen Nutzerverhalten bei zwischen 20-35 Sekunden.

Längere Videos bis ca. 60 Sekunden sollten eher eine Ausnahme sein, außer Du stellst fest, dass diese Videos in Deiner Community extrem gerne konsumiert werden.

In solchen, längeren Formaten hast Du Platz für ausführliche Geschichten oder Hintergrundinformationen zu Deiner Person. Daher sind sie gut geeignet, um aus schon aktiven Community Teilnehmern, also warmen Kontakten, heiße Kontakte bzw. Kunden zu konvertieren.

Dazu brauchst Du natürlich aber auch die richtige "Aufforderung zur Handlung", als Fachbegriff eine "Call to Action" (CTA).

Also eine Formulierung, die Deinem Gegenüber den nächsten Schritt erklärt, bzw. zum nächsten Schritt auffordert. Im Kapitel "Initiative" haben wir bereits mögliche Varianten, eine Handlung Deines Gegenübers einzuleiten, kennengelernt.

Absicht
"Was muss das Content
Piece bei Wem auslösen?"

Konzept
Zieldefinition berücksichtigen,
Dauer und Format festlegen

Einsteig/Hook
"Wessen Aufmerksamkeit
möchte ich gewinnen?"

Inhalt
Abhängig davon, zu wem ich spreche: "Welchen
Input braucht es gerade, dass mein Gegenüber
eine "Stufe" höher auf unserer Treppe kommt?"

CTA
"Wohin möchte ich mein Gegenüber führen? Was
soll die nächste Handlung sein (und warum)?"

Bei der Auswahl einer gut funktionierenden CTA solltest Du immer zwei Dinge beachten:
Das Ziel des Content Pieces, und das Level, auf dem der Empfänger sich gerade befindet.
Im Grunde überschneiden sich diese beiden Aspekte ja. Du überlegst, zu wem Du sprichst und auf welcher Stufe Deiner Treppe diese Person gerade steht - und welche nächste Stufe erklommen werden soll.

Einige Beispiele für Formulierungen im unteren Bereich Deiner „Treppe" sind:

"Schenke mir ein Herz/Like, wenn Dir dieser Beitrag gefallen hat!"
"Wenn Du Dich da wiedererkannt hast, poste mir ein xy Emoji in die Kommentare!"
"Schicke dieses Video jemandem, der das heute hören muss."

Die geforderten Interaktionen sind relativ leicht umzusetzen und zielen erstmal darauf ab, dass überhaupt eine Interaktion stattfindet und Dein Gegenüber "übt", mit Dir zu interagieren.

Schon **verbindlicher** wird es mit folgenden Formulierungen, die Du einsetzen kannst, wenn Du mit der vorherigen Stufe einige Leute erreichen konntest:

121

"In welchem Bereich bist Du absolute Expertin? Schreib' es mir in die Kommentare!"

"Speicher Dir diesen Beitrag für später ab!"

"Like für Part 2 dieser Reihe!"

"Welches Thema soll ich beim nächsten Mal behandeln?"

Hiermit lockst Du Dein Gegenüber schon deutlich aus der Reserve.

Konkret auf **Conversion**, also Dein Gegenüber von einem Community Mitglied zu einem Kunden, oder von einem Fremden zu einem Follower zu machen ausgerichteter Content, ist die Königsklasse:

"Folge mir, um Part 2 der Reihe zum Thema xy nicht zu verpassen!"

"Den Link zur Anmeldung findest Du in meiner Bio!"

"Schicke mir eine DM mit dem Stichwort "dabei" und ich schicke Dir die Zugangsdaten."

Mit Hilfe dieser Beispiele kannst Du testen, welche Formulierungen am besten ankommen und für das jeweilige Ziel funktionieren.

REICHWEITEN TREIBER

Hashtags und trendige Töne zu verwenden sind ebenfalls Mittel, welche die Performance Deiner Beiträge bzw. Videos verbessern können. Beide Themen müssen aber richtig eingeordnet werden.

So hat die Popularität trendiger Töne ganz aktuell Mitte 2023 darunter gelitten, dass eine Abmahnwelle gewerblich agierende Nutzer getroffen hat, deren Videos mit Musik oder Tönen hinterlegt waren.
Wirklich beraten zu rechtlichen Themen darf Dich nur ein Anwalt, ich darf Dir KEINE Rechtsberatung geben. Ich empfehle Dir an dieser Stelle, Dich von einem Medienanwalt beraten zu lassen, wenn Du das Thema wasserdicht abklären willst.

Unterm Strich ist es so, dass immer wieder Grauzonen auf Social Media gefunden und genutzt werden.
Erinnere Dich auch an die Abmahnwelle wegen der Kennzeichnungspflicht von Beiträgen als Werbung Ende der

2010er Jahre. Social Media ist ein so neues Spielfeld, dass die juristische Auslegung erst hinterherkommen muss.

Meiner Erfahrung nach trifft es zwar Einzelne hart, aber die "Welle" beruhigt sich in der Regel zügig wieder, wenn Richtlinien und Urteile nachgebessert werden. Es bleibt unterm Strich Deiner individuellen Risikoaffinität überlassen, ob Du beschließt, um solche Themen dann einen riesen Bogen zu machen, oder ob Du sie in Deinem Fall trotzdem, wenn auch bedacht, nutzt.

Trendige Töne sind Musik oder Sounds, die unter ein Video oder eine Story gelegt werden können, und die damit natürlich die Gestaltung dieser Beiträge deutlich mitprägen. Manchmal werden die Töne auch für Synchronisationen genutzt, das heißt, ein unterhaltsamer Spruch wird mit „Lip Syncing" in einen anderen Kontext übertragen und so uminterpretiert.
Nutzen viele User in kurzer Zeit einen Ton, so tritt über den Wiedererkennungseffekt eine virale Dynamik ein, die die Reichweite und Performance des Contents deutlich steigern kann.

Trendige Töne sind vor allem deshalb ein wahnsinniger Booster für Deine Videos, weil Dir mit ihrer Nutzung eine Menge gestalterische Aufgaben abgenommen werden:
Die Länge des Videos.

Die Stimmung.
Die Dramaturgie, bzw. die Geschichte.
Das Verhältnis von Einleitung, Höhepunkt und Ende.

Dadurch, dass Du Deine Inhalte gewissermaßen auf einen Song, Sound oder Spruch aufsattelst, nutzt Du eine Blaupause, die schon von anderen erfolgreich genutzt wurde und den schon einige Menschen gesehen und als gut befunden haben.
Die Schwarmintelligenz der aktiven User hilft Dir also dabei, richtig gute Kurzvideos zu schneiden.

Dazu kommt der schwierig einzuschätzende technische Vorteil, weil ein Sound "trendig" ist. Inwiefern ein trendiger Sound rein technisch zu einer besseren Performance führt, ist eines der vielen Geheimnisse der Plattformen. Ich persönlich schätze den Vorteil des Wiederkennungseffekts als wesentlich bedeutsamer ein.
Man profitiert davon, dass das akustische Motiv schon mit Emotionen, Erfahrungen und Antizipation, eine bestimmte Geschichte zu hören, verbunden ist.
Antizipation meint, dass der Nutzer besser einschätzen kann, ob er sich das Video anschauen möchte, oder lieber weiterscrollt. Haben ihm andere Videos nach dem „Bauplan" des Tons bereits gefallen, hat er eher eine positive Antizipation Deinem Content gegenüber.

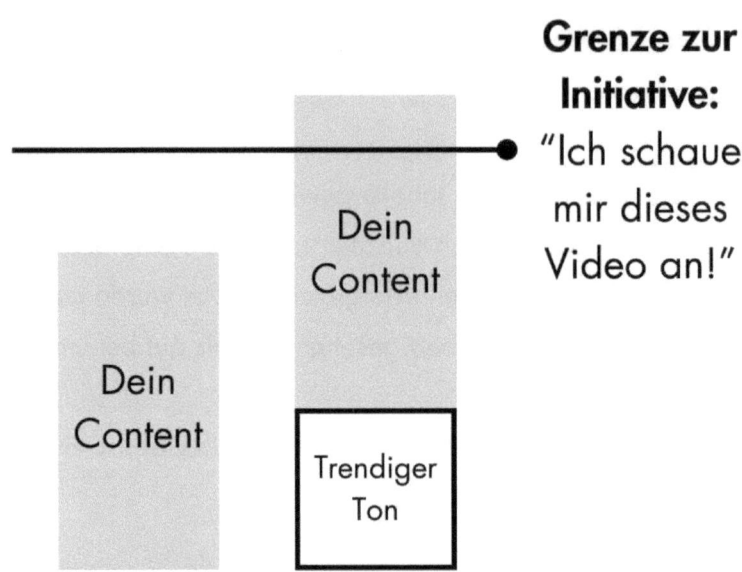

Grenze zur Initiative: "Ich schaue mir dieses Video an!"

Dein Content

Dein Content

Trendiger Ton

Hashtags sind ein besonders spannendes Thema. Ein Thema, das meiner Einschätzung nach seit Beginn seiner Existenz falsch eingeschätzt wird.

In den Anfangszeiten von Social Media Plattformen wie Instagram und Twitter (heute "X") waren Hashtags DAS Mittel, um Reichweite zu generieren und neue Menschen auf das eigene Profil aufmerksam zu machen.

Aus heutiger Perspektive waren die planbaren Dynamiken zur Reichweitensteigerung durch Hashtags jedoch extrem überschaubar.

Einige virale Beiträge haben den Eindruck vermittelt, dass Hashtags ein patentes Wachstums-Tool sind. Und obwohl es immer Zeiten gibt, in denen Reichweite einfacher oder schwerer generiert werden kann, haben wir heute Tools wie Kurzvideos, „Reels", zur Verfügung, die über alle Plattformen hinweg besser und zuverlässiger performen.

Ein entscheidender Vorteil ist die bessere Berechenbarkeit. Du kannst Dich bei einem gesunden Account relativ gut darauf verlassen, dass Deine Beiträge einer relativ gleichbleibenden Menge an fremden Menschen ausgespielt werden. Über Hashtags allein waren es mal bei einem Beitrag 1.000, und bei den nächsten zehn Beiträgen dann eher so acht Menschen, denen der Beitrag außerhalb Deiner Community ausgespielt wurde.

Auch die anderen Plattformen, die Hashtags nach und nach integriert haben, haben von Anfang an eher auf einen anderen Aspekt gesetzt:

Hashtags als Keywords zu nutzen.

Es steckt eigentlich schon im Namen: HashTAGS, also Schlagworte, Kennzeichnungen zu bestimmten Themen, helfen einer künstlichen Intelligenz bei der Einordnung des Beitrags. Die künstliche Intelligenz, bzw. der Algorithmus, der die Ausspielung der Beiträge organisieren muss, kann sich thematisch an den vertaggten Wörtern orientieren und besser einschätzen, für wen der Beitrag relevant ist.

Auch heute steckt darin das meiste Potential von Hashtags. Nutze sie als Keywords zur Plattform internen Suchmaschinenoptimierung.

Bleibt eine spannende Frage: Wieviele Hahstags sollte man pro Beitrag nutzen?

Interessant ist, dass es zu dieser Frage mehrere Erhebungen gibt, die sich konsequent widersprechen. Stelle diese Frage einmal der Suchmaschine Deiner Wahl und durchstöbere die Artikel zum Thema. In fast jedem wird eine andere Anzahl als die perfekte Anzahl angepriesen.

Was wissen wir von Aussagen der Plattformbetreiber?

Meta hat vor allem für Instagram eine Obergrenze für die Menge an Hashtags etabliert, die Du maximal verwenden kannst und solltest.

Maximal 30 Hashtags passen hier in einen Beitrag.

Das neueste Statement von Meta, bzw. Instagram, und auch Tiktok, empfiehlt aber, nicht mehr als drei bis fünf Hashtas pro Beitrag zu verwenden.

Wir erinnern uns, dass die Plattformen vor allem ganz

organisch agierende private User auf den Plattformen sehen möchte, und keine die Plattform nach ihren Interessen bespielende Reichweitengeier.

Das offizielle Statement zielt also auf den berechtigten Hinweis ab, dass zu viele Hashtags als Spam gewertet werden und die Performance der Beiträge nicht optimal ist.

Spannend ist, dass sich diese Aussagen im Praxistest nicht halten lassen.

Bei der Auswertung von hunderten Beiträgen pro Monat von meinen Kunden und mir selbst, alle im Kontext der Coaching Branche, zeigt sich ein anderes Bild.

Dieses Bild bzw. die tatsächlichen Performance Auswertungen lassen sich ebenfalls logisch erklären.
Wenn nicht technisch stark interveniert wird, bedeutet eine höhere Anzahl von Keywords erstmal einfach eine gesteigerte Chance, sichtbar zu werden.
Liefert ein Keyword zehn neue Augen auf einen Beitrag, sind es bei fünf Keywords insgesamt weniger Augen als bei 20 Keywords.
Das ist erstmal einfache Mathematik, die so in der Praxis auch beobachtbar ist.
Teste gezielt die für Dich am besten funktionierende Anzahl von Hashtags. Wenn Du Dich am oberen Rand Richtung 30

Stück orientiert, lautet meine Empfehlung, die 30 nie ganz auszureizen. So vermeidest Du, dass Instagram Dich als besonders ehrgeizig wahrnimmt und Du umgehst mögliche Abstrafungen.

Du solltest außerdem nicht immer dieselben Hashtags in einen Beitrag kopieren. Lege Dir eine Sammlung an, aus der Du pro Beitrag einige entnimmst und ändere ihre Reihenfolge. Andernfalls könnte Dein zu systematisch anmutendes Vorgehen wiederum als Spamgefahr wahrgenommen werden. Sinnvoll ist, eine Mischung an Hashtags anzulegen, bei denen sehr breite und sehr spitze Begriffe, sowie eine Kategorie mit Begriffen aus der Mitte dieser beiden Extreme vertreten sind.

Beispiel aus der Praxis:
Nehmen wir an, Du berätst Singles, die sich eine glückliche Beziehung wünschen.

Extrem breite, dafür aber auch reichweitenstarke Begriffe sind beipsielsweise:
#Liebe, #Inspiration #Glücklichsein

Begriffe, die schon etwas themenspezifischer sind, wären beispielsweise:
#Beziehungstipps, #Traummann #Persönlichkeitsentwicklung

Und sehr spezifisch wird es, wenn Du spezielle Probleme, Insider Witze, Literatur, oder Hahstags hinzufügst, die Du intern in Deiner Community prägst: #Traummannfinden, #DasKindinDirmussHeimatfinden, #LiebespostmitLaura

Zusammenfassend lässt sich über das Thema Hashtags festhalten, dass es eines von vielen Optimierungs Themen ist, aber keinesfalls ein Heilsbringer für sich. Beginne damit, eine Sammlung von Schlagworten zu Deinem Thema anzulegen und beobachte, welche Menge von Hashtags für Dich über die Zeit am Besten funktioniert. Damit bist Du auf dem besten Weg!

CONTENT PLAN

Wenn Du vor der Frage stehst, welche Inhalte Dein Content Plan umfassen sollte, achte darauf, dass Du wirklich kompromisslos aus der richtigen Perspektive planst:

Wichtig ist, was Dein Gegenüber hören will und muss, um Dein Kunde werden zu können.
Nicht wichtig ist, was DU SAGEN möchtest.

Überprüfe Deine Content Ideen regelmäßig auf das "Wen juckt's?" Syndrom.
"Wen juckt's" Content ist Content, der für Dein Gegenüber höchst unfunktional ist, den Du aber unbedingt loswerden wolltest.
Das ist also genau der Content, der nicht aus der Perspektive entstanden ist, was für Dein Gegenüber gerade wichtig ist.
"Schaut mal, ich habe jetzt eine neue Website und bin soooo stolz!"
Wäre zum Beispiel klassischer "Wen juckt's?" Content.

Sofern Du Dir nicht bewusst bist, dass Deine Community krasse Maulwurf Typen sind, die sich in alles eingraben wollen und alles konsumieren, was Du ausgibst, dann wird das verpuffen.

Sofern Du das ganze nicht als "Blick hinter die Kulissen" für besonders enge Community Mitglieder aufmachst, um nahbarer zu wirken oder einen Tipp für die perfekte Landingpage zu teilen, wird das niemanden hinterm Ofen vorlocken.

Sofern Du Content wie diesen nur postest, weil Du dies oder jenes eben gerade ausdrücken willst, hast Du keine klare Strategie.

Sofern Du Deine Perspektive nicht darauf ausrichtest, was die Menschen von Dir hören wollen, sondern auf das, was Du gerne sagen willst, wirst Du sie nicht effektiv erreichen.

Content ist für uns, auch wenn er unterhaltsam AUFGE-MACHT ist, nie einfach nur „Geplauder". Es steckt immer etwas strategisches hinter dem, was Du postest. Das muss unbedingt so sein, wenn Du Dein Business zeiteffizient strukturieren willst.

Das bedeutet, das wichtigste für einen effektiven Content Plan ist ein klares Ziel:

Was will ich damit gerade erreichen?

Da sind wir wieder bei unseren 90%. Wenn Du so ungefähr weißt, was Du tust, wenn Du darüber halt Menschen auf Dich aufmerksam machen oder über Dein Angebot informieren willst, dann steckst Du genau in dieser Falle.
Eigentlich ist es klar. Aber „eigentlich" macht jeden Satz kaputt.

Um es Dir dabei so einfach wie möglich zu machen, denke nicht an das große Ziel Deiner Strategie im Allgemeinen, sondern brich das Ziel für jeden einzelnen Beitrag, jede Message in der Kommunikation herunter.
So fällt es Dir leichter, genau zu arbeiten und Erkenntnisse richtig einzuordnen.
Du lernst, die Planung Deiner Beiträge Deinem Ziel entsprechend zu steuern.
Diese Fähigkeit brauchst Du, um ein zuverlässiges System in Deinem Business zu implementieren.

Lass uns die Schlüsselerkenntnisse, die Du bisher zum Thema Content in den vorangegangenen Kapiteln sammeln konntest, zusammenfassen und zueinander in Beziehung stellen:

Du musst Dir der genauen Funktion von jedem Stück Kommunikation bewusst sein und darauf optimieren, dass der Zweck auch erfüllt wird.

Das gilt für Blogbeiträge, Newsletter etc. ebenso, im weiteren Verlauf sprechen wir vereinfacht nur von "Content" bzw. Content Pieces.

Als Grundlage für diese Überlegungen kannst Du Dich an Deiner individuellen Treppe orientieren. Deswegen ist so wichtig, dass Du die einzelnen Treppenstufen für Dich klar definierst.

Über Content & Co. kommen Deine Lieblingskunden von der einen auf die nächste Treppenstufe.

Die Grundüberlegung für ein Content Piece, also einen Beitrag, ein Reel, Video, eine Story etc. sollte sein: Möchte ich damit kalte, warme oder heiße Kontakte aus meiner Community ansprechen? Es ist unabdingbar, fremde Menschen anders anzusprechen als solche, die schon monatelang mit Dir "abhängen".

Wie bereits angerissen solltest Du kalte, bzw. fremde Menschen ansprechen, indem Deine Message in dem Content Piece extrem leicht verständlich, gerne etwas provokant und ohne Deinen persönlichen Kontext zu begreifen ist.

Alles, was Du mit einer Formulierung wie "Wie ihr ja wisst..." einleiten könntest, ist für Menschen, die noch nie von Dir gehört haben, in der Regel nicht zugänglich genug.

Du könntest auf dieser Ebene mit Statements arbeiten, die Deinen individuellen Standpunkt zu einem gewissen Thema klar auf den Punkt bringen.

Oder Du holst sie ab, indem Du ihnen ein Versprechen für die Zukunft gibst ("Im nächsten Video zeige ich Euch dann noch, wie...").

Da Du in diesem Fall ja möglichst viele (neue) Menschen erreichen willst, kannst Du auf die Vorgehensweisen im Kapitel "Wie erreiche ich viele Menschen mit meinem Content?" zurückgreifen.

Wähle als Form an dieser Stelle Kanäle, die auf "Discover" Dynamiken ausgelegt sind, wie Reels, Carousels, oder andere Formate, in denen mehr fremde Menschen und weniger Community Mitglieder erreicht werden.

So sorgst Du dafür, dass aus kalten Kontakten wärmere werden, die Dich nach und nach einordnen und Dich irgendwann auf dem Schirm haben, wenn sie zwei oder dreimal mit Dir in Kontakt gekommen sind.

Dann solltest Du genau auf den Persönlichkeitstyp Deines Gegenübers zugeschnitten über die Themen sprechen, die sie die Treppe Stufe für Stufe nach oben begleiten.

Welche Art und wie viel Vertrauen muss aufgebaut werden?

Sind das Menschen, denen eine richtige Ausbildung in Deinem Bereich sehr wichtig ist? (Nicht Dir, ihnen!)

Dann sprich über Deine Ausbildung, über Deine Zertifikate, über Testimonials etc.

Sind das Menschen, die eine extreme Informationsdichte wünschen? Die erst alles verstehen wollen zu einem Thema, um sich bereit zu fühlen, einen Schritt vorwärts zu gehen? Dann gibt ihnen die Informationen, und baue gleichzeitig ihr Mindset so auf, dass sie das Gefühl bekommen, den Überblick zu haben in Form von Infografiken, Zusammenfassungen etc.

Sind das Menschen, denen ein persönlicher Draht und etwas zu fühlen wichtig ist? Dann trau Dich, Deinen Humor einzubauen, gib Deiner Community vielleicht einen süßen Spitznamen!

Und wenn Du merkst, dass Du einige Menschen auf Deinem Profil so aufgewärmt hast, dass sie Dir wirklich zuhören, kannst Du Methoden einbauen, die warme Kontakte in eine Aktion bringen.
Die sie mit einer Selbsterkenntnis zum Handeln konfrontieren und die Möglichkeit schaffen, als heißer Kontakt dann Kunde bei Dir zu werden.

Mit diesem Wissen über einen funktionalen Contentplan bist Du bestens aufgestellt, um Deine Ziele auf Social Media & Co. zu erreichen!

An dieser Stelle möchte ich Dir ein echtes Gold Nugget schenken:

Meine magische 3 Phasen Story Strategie bringt meinen Kunden regelmäßig neue Coaching Kunden und hohe 4-stellige Umsätze ein.

Es ist eine glasklare Strategie zur Gewinnung von Interessenten über Stories auf Instagram & Co.

Als Leserin dieses Buches ist der Zugriff darauf für Dich kostenlos unter diesem Link möglich:

www.gerdaxdoris.de/material-zum-buch

Oder scanne diesen QR Code mit Deiner Handy Kamera:

Setzte es weise ein!

SMALL TALK

Aus dem Bauch heraus würde man vielleicht sagen, dass Mehrwert zu geben deutlich wichtiger ist, als Small Talk zu betreiben.

Schließlich haben wir bereits über "Wen juckt's" Content gesprochen und haben festgestellt, dass jedes Content Piece, jeder Beitrag ein Ziel braucht.

Und was gibt es uninteressanteres, als inhaltsloser Small Talk?

Da wir hier daran interessiert sind, Dein Wissen über echte wissenschaftliche Nutzerpsychologie aufzubauen, lass uns die Funktionalität von scheinbar belanglosem Inhalt wie Small Talk beleuchten.

Warum "sozialer Klebstoff" wie Small Talk unverzichtbar ist in einer sozialen Situation wie auf Social Media wird klar, wenn wir das Ganze aus der digitalen in die reale Welt übertragen:

Stell Dir einmal vor, Du bist auf einem Empfang Deiner Stadt eingeladen. Alle stehen zusammen, unterhalten sich, an der Bar gibt es Getränke.

Du entdeckst den Bürgermeister, mit dem Du Dich schon lange mal bekannt machen wolltest, weil es in Deiner Straße ein tiefes Schlagloch gibt. Das gehört mal gerichtet. Du hast also ein Interesse daran, dass der Herr Bürgermeister Dir zuhört und Dir seine Energie schenkt.

Ebenso, wie Du Deine Community Mitglieder mit der Lösung zu ihrem Problem in Kontakt bringen willst, wozu sie Dir auch erst ihr Zuhören und Ihre Energie schenken sollen.

Welche Variante der Kontaktaufnahme glaubst Du, ist zielführender?

A)
Du siehst, wie sich der Bürgermeister gerade mit einer Gruppe unterhält und fährst dazwischen: "Herr Bürgermeister, ich habe ein wichtiges Anliegen, das Sie auch betrifft! In meiner Straße gibt es ein Schlagloch, das mir langsam die Achse an meinem Auto kaputt macht. So geht es sicherlich auch den vielen Touristen, die über diese Verkehrsachse unsere Stadt besuchen. Alle würden davon profitieren, wenn wir jetzt sofort einen Plan aufstellen würden, das Schlagloch zu reparieren. Dann würden sicher wieder mehr Touristen in die Stadt kommen. Wollen wir in Ihr Büro gehen?"

B)

Du wartest an der Bar, bis der Herr Bürgermeister sich ein neues Getränk bestellen will und sich neben Dir anstellt. "Ich kann den halbtrockenen Weißwein empfehlen, aber das wissen Sie sicher. Wenn die Stadt so einen Empfang ausrichtet, sind die Getränke immer fein!" "Oh, vielen Dank!" antwortet der Bürgermeister. "Wir sind uns aber noch nicht bekannt, oder?" "Nein," antwortest Du. "Schön, Sie kennenzulernen!"

Du stellst Dich vor.

"Tatsächlich habe ich heute erst an Sie gedacht, als ich meine Straße hinunter gegangen bin. Sie können mir doch sicher den Ansprechpartner für Straßenbau nennen - in meiner Straße gibt es ein furchtbares Schlagloch. Und auch, wenn ich heute sicher nicht mehr mit dem Auto nach Hause fahren werde, wäre es toll, das mal reparieren zu lassen. Und meine Tochter wäre ihnen so dankbar, wenn sie wieder fröhlich mit dem Rad zur Schule fahren kann."

Welche dieser Varianten enthält mehr Argumente, redet weniger über persönliches und dafür mehr über den Nutzen und ist professioneller im Ton?

Und welche denkst Du, führt dazu, dass sich der Bürgermeister in Zukunft positiv an Dich erinnert und Dein Anliegen tatsächlich in die Tat umgesetzt wird?

Small Talk ist der "soziale Klebstoff".

Du kennst vielleicht diesen Grundsatz des Marketings: Menschen kaufen von Menschen.
Und das entspricht tatsächlich den Beobachtungen in der Praxis.

Du wirst weniger leicht austauschbar. Du wirst weniger oft verglichen.
Deine Antwort- und Interaktionsraten werden sich erhöhen.
Menschen werden schneller auf Dich zukommen.

Nur so aus dem Bauch raus - würdest Du lieber bei jemandem kaufen, den Du kennst und menschlich vertraust, oder den Du nicht kennst?
Und wann ist bei Dir der Punkt erreicht, an dem Du das Gefühl hast, Du KENNST eine Person?

Diesen Punkt solltest Du auch bei Deinen Lieblingskunden identifizieren und sicherstellen, dass Du im Content die Dinge teilst, die dazu führen, dass sie glauben, dich zu kennen.
Das bedeutet übrigens NICHT, dass Du Deine Kinder in die Kamera halten oder den Geburtstag Deiner Oma verraten musst.
PERSÖNLICH ist nicht gleich PRIVAT.
DU entscheidest, wo für Dich individuell die Grenze verläuft, was Du teilen möchtest, und was nicht.

Ein paar Anregungen:

Ganz klassische Small Talk Themen funktionieren auch im digitalen Kontext.

Das Wetter, ob jemand ein Katzen- oder Hundemensch ist, ob man lieber Rot- oder Weißwein trinkt, spaltet die Gemüter zwar so, dass jeder eine Meinung dazu hat, aber keiner sich deswegen ernsthaft in die Haare kriegt. Es ist einfach zugänglich und interessant.

Meinungen kannst Du Dir in dem Fall sehr gut zunutze machen. Erzähle, wie Du zum Wetter des Tages stehst ("Ich liebe es, wenn man spürt, dass es Sommer wird..."), dass Du einen Bürohund hast und es wahrscheinlich mit einer Katze gar nicht aushalten würdest oder zeige, wie Du die letzten Aufgaben des Tages auf der Terrasse mit einem schönen Glas Rotwein bearbeitest.

Noch runder wird die Sache, wenn Dein Gegenüber sich bei diesem "Wir lernen uns kennen"-Content mit einbezogen fühlt.
Stelle Fragen, die sehr einfach gestrickt, leicht zu beantworten und unterhaltsam sind. Eine Prise Augenzwinkern tut in dem Fall sehr gut.

Achtung, diese Art von Content soll unterschwellig das Gefühl bei Deinem Gegenüber auslösen, dass es um sie geht.

Nicht, dass Du nur erzählst und in den Äther reinkommunizierst.

Das erreichst Du durch eben diese Prise Augenzwinkern, was die Frage und die Sache in die Entertainment Richtung ziehen kann, oder dadurch, dass Du die Frage direkt in die Perspektive der Nutzer stellst ("Bist Du ein Katzen- oder Hundemensch?")

Extrem performant sind in diesem Fall Funktionen, die nicht nur auf eine Antwort als Kommentar oder Nachricht ausgelegt sind, sondern die eine noch direktere Möglichkeit zur Interaktion bieten.
Weniger kryptisch und an einem Beispiel formuliert:

Story Formate auf Instagram & Co. sind deshalb oft die Interaktions-Abräumer, weil extrem gut nutzerpsychologisch optimierte Integrationsangebote direkt in die Story Funktion eingebaut sind: Zum Beispiel der Umfrage Sticker. Dieser ist so aufgebaut, dass Du eine Frage eintippen und zwei oder mehr Antwortmöglichkeiten vorgeben kannst.

Dieses Integrationsangebot ist so gut gebaut, dass die Interaktionsraten mit keiner bekannten Funktion zu vergleichen sind. Und das bei kleinen, großen, erfolgreichen oder unerfolgreichen Accounts.
Ein echter No-Brainer.

Willst Du schnell eine Nähe zur Community aufbauen, nutze den Umfrage Sticker inflationär.

Und ich meine inflationär.

Bei unserem Beispiel vom Katzen- oder Hundmensch könntest Du in der Story zeigen, wie Dich Dein Bürohund bei der Arbeit unterstützt. Dazu könntest Du anmerken, dass Du froh bist, ihn an Deiner Seite zu haben, weil eine Katze wohl sofort versuchen würde, Dich bei sich anzustellen.

Platziere darauf den Umfragesticker mit eben jener Frage "Bist Du eher Katzen- oder Hundemensch" und editiere die Antwortmöglichkeiten zu "Miau!" und "Wau!" und sieh zu, wie die Story durch die Decke geht.

Dieses Beispiel kannst Du, wenn es Deiner Art sich auszudrücken entspricht, gerne sofort übernehmen.

Wenn Du dieser Methodik folgst und solche Small Talk Angebote implementierst ist es tatsächlich unvermeidlich, dass Deine Community aktiver wird.

Die Menschen werden sich daran "gewöhnen", mit Dir zu interagieren und werden weniger Hemmungen haben, dann auch mal auf einen Link zu klicken oder "einfach" Kontakt zu Dir aufzunehmen.

Sie werden Dir mehr vertrauen und das Gefühl haben, Dich zu kennen und Deine Werte und Einstellungen besser einschätzen zu können.

Der Algorithmus wird Dich dafür belohnen, dass die Menschen auf Deinem Account offensichtlich gerne unterwegs und aktiv sind. Deine Reichweite und Ausspielung wird zunehmen.

Dies sind tatsächlich nicht einmal Zielgruppen gebundene Phänomene.

Zwar gibt es marginale Unterschiede je nach Persönlichkeitstyp Deiner Zielgruppe, bei manchen ist der Ausschlag größer als bei anderen; Aber diese Effekte sind Community übergreifend zu beobachten.

DU wärst tatsächlich die erste Person, bei der diese Maßnahmen, wenn sie richtig umgesetzt werden, nicht funktionieren.

Der Mensch ist ein soziales Wesen und bei all unseren Unterschieden funktionieren wir auf gewissen Ebenen sehr ähnlich.

Und die Ebene "Small Talk" gehört dazu.

Es ist gewissermaßen ähnlich wie bei Bewertungen und Rezensionen:

Eine Studie zur Wirkung von positiven Bewertungen auf Probanden hat gezeigt, dass sich die Teilnehmer selbst dann positiv von den Bewertungen haben beeinflussen lassen, wenn sie wussten, dass die Bewertungen gefälscht waren. Ihr Verhalten und ihre Entscheidung für oder gegen den Anbieter wurde trotzdem positiv beeinflusst.

Also selbst, wenn Du von Dir oder Deine Zielgruppe sagst, dass Small Talk Zeitverschwendung ist, so ist der positive Effekt trotzdem messbar.

Und in dem Fall ist es durchaus wert, ab und zu über das Wetter zu philosophieren.

Andere geeignete Themen sind:

Dein Geburtstag oder andere Feiertage. Ein echter Engagement Boost und Du kannst so sehr schnell und einfach feststellen, wer sich in Deinem inneren Kreis befindet. Offenbarst Du, dass Du Geburtstag hast, werden Glückwünsche herein flattern. Oder wünschst Du Frohe Weihnachten, wird der Gruß erwidert werden.

Du zeigst damit nicht nur dem Algorithmus, dass Deine Community eine echte, organische Verbindung zu Dir hat und es sich bei Dir um einen seriösen, für die Nutzer wichtigen Account handelt, sondern Du kannst solche Interaktionen auch als Türöffner für einen kurzen Austausch nutzen.

Small Talk eröffnet Dir auf sozialer Ebene Türen, die mit Mehrwert so nicht aufgebrochen werden können.

Vor allem legst Du damit nicht nur eine sachliche, sondern auch eine soziale Basis für eine Zusammenarbeit.

Kunden finden zu Dir, weil es „passt", und nicht weil sie auf der Suche nach dem günstigsten Anbieter sind.

VIDEO, GRAFIK & FOTO QUALITÄT

In den allermeisten Fällen macht man sich eher zu viel Gedanken um die Optik des Contents als zu wenig. Es gibt verschiedene Stufen, auf denen die gestalterische Qualität eine Rolle spielt, die wir uns gleich ansehen.

Was brauchst Du als Mindestausstattung, um das Basislevel an optischer Qualität bedienen zu können?

Du benötigst ein einigermaßen aktuelles Smartphone mit durchschnittlicher Kamera und Mikrofon.

Weiter solltest Du einen aufgeräumten Raum oder eine Ecke einrichten, in dem Du Videos in neutralem Ambiente erstellen kannst.

Für ausreichend gutes Licht sorgt ein Fenster oder eine nicht zu warme Zimmerbeleuchtung.

Schauen wir uns also an, auf welchen Stufen welche

Optimierung implementiert werden sollte und was die Zeichen sind, dass Du das auch tun solltest:

Erste Stufe:
Zunächst gilt die Einstufung von Design als Hygienefaktor. Das bedeutet, dass es bis zu einem gewissen Level und in vielen Situationen genügt, nicht negativ durch die gestalterischen Elemente aufzufallen. Wie in einem einigermaßen sauberen Wohnzimmer.

Hast Du das Gefühl, Deine Positionierung, Deine funktionale Content Optimierung (also, ob Du mit verschiedenen Maßnahmen weißt, was Du ansteuerst - Reichweite erhöhen, Follower generieren...) und Deine Kommunikationsfähigkeiten in Verkaufssituationen hinken noch, kümmere Dich erst darum.

In dieser Phase ist es am verlockendsten, sich unnötigerweise mit Gestaltungsfragen zu beschäftigen und sich um die Aufgaben zu drücken, die einen wirklich weiterbringen würden.
Anders verhält es sich, wenn Deine Leistung Menschen ansprechen soll, die in diesem Bereich sensibilisiert sind: Wenn Du z.B. Beratung für Grafikdesigner anbieten würdest, bringt Deine Zielgruppe eine besondere Vorerfahrung mit. Dann zählt eine entsprechende Gestaltung zu den grundlegenden Hausaufgaben.

Zweite Stufe:

Wenn Du merkst, dass Du einen Zugriff auf Deine Zielgruppe hast, wenn Du Deine Message an Deine Zielgruppe transportieren kannst und Du merkst, dass eine Resonanz da ist, solltest Du aktiv werden:

Dann ist es Zeit, sich um Gestaltungs Basics zu kümmern. Sorge dafür, dass Dein Profilbild über alle Plattformen abgestimmt ist, um einen Wiedererkennungswert zu schaffen. Sofern Du das Gesicht Deines Unternehmens bist, wähle ein Portraitfoto von Dir, in dem Du in die Kamera lächelst.

Augenkontakt ist wissenschaftlich erwiesen ein unwiderstehlicher Aufhänger für die Aufmerksamkeit Deines Gegenübers. Selbst, wenn jemand nicht bewusst bei der Sache ist, wird sein Gehirn im "Neanderthaler Modus" auch beim unbewussten Surfen am effektivsten an einem Menschen hängen bleiben, der Augenkontakt aufbaut.

Warum? Weil seit der Entstehung des Menschen nichts so relevant war für unsere Vorfahren wie ein anderer Mensch. Das bedeutete entweder Nahrung, Paarung oder Gefahr und bedurfte natürlich entsprechend kurz einer Einordnung, was das Gegenüber von einem will.

Dieses Phänomen ist in einem sehr alten Teil unseres Gehirns verankert und läuft unbewusst und automatisch ab. Noch stärker ist dieser Effekt in Kombination mit Mimik oder

Gestik. Alles, was den Verarbeitungsprozess des Gegenübers verlängert, trägt dazu bei, dass Du als Motiv im Gehirn bewusst wahrgenommen und aktiv verarbeitet wirst.

Ein entspannter, indifferenter Gesichtsausdruck ist also weniger optimal als ein herzliches Lächeln.

In dieser Phase kannst Du es Dir besonders einfach machen, indem Du Dir eine Hauptfarbe auswählst, die ebenfalls zum Verstärken des Wiedererkennungseffekts genutzt werden kann. Mit dieser kannst Du z.b. den Hintergrund Deines Profilfotos einfärben (dazu gibt es einfache Apps, die es ermöglichen, den Hintergrund eines Fotos zu bearbeiten). Wenn Du diese Farbe dann für Deine Story Highlights auf Instagram oder Dein Titelbild auf Facebook benutzt, ergibt sich schon ein sehr stimmiges Bild.

Auch im weiteren Content, wie als Schriftfarbe auf Deinen Videos oder als Cover Grafik kannst Du diese Farbe einsetzen und erzeugst so relativ einfach ein stimmiges, elaboriertes Bild und gestalterisch kannst Du auch kaum etwas falsch machen.
Mehr Aufwand im Design brauchst Du in den meisten Anwendungsfällen erstmal nicht.

Dritte Stufe:
Besonderes Equipment, wie ein extra Ringlicht, ein Mikro-

fon, in das Du Deine Reels, Stories und Videos einsprichst, einen extra Hintergrund für Video Calls und weitere Spielereien brauchst Du sehr lange nicht, auch nicht auf dem Level von 5-stelligen Umsätzen pro Monat.

Solche Optimierungen solltest Du vor allem dann anbringen, wenn...

... Deine Zielgruppe einen ähnlich hohen Standard bei ihrem eigenen Content führt (z.b. Du betreust Agenturen, die selbst eine eigene Video Abteilung mit Profis unterhält).

... Du einen speziellen Anwendungsbereich erschließt: Baust Du einen Podcast auf, ist ein vernünftiges Mikrofon ein Teil der Grundausstattung.

... Du dabei bist, ein extrem breites Angebotsportfolio unter Deinem Dach zu vereinen und Du eine echte Markensprache brauchst, um Deine Position in der Wahrnehmung der Menschen zu festigen.

Design macht im besten Fall Spaß, ist deswegen aber auch prädestinierte Ablenkung und eignet sich wunderbar zum Prokrastinieren.

Entscheidend ist, Design und Optik als Kommunikationselement und nicht als Liebhaberei zu betrachten.

Achte auch bei Entscheidungen auf diesem Gebiet darauf, ob und in welcher Form es relevant für Deinen Kunden auf Deiner „Treppe" ist, etwas umzusetzen.

TEIL VIER

Angebot und Verkauf

DAS PERFEKTE ANGEBOT

Das perfekte Angebot befindet sich an dem Sweet Spot zwischen dem, was Du als Anbieter vermitteln und wie Du arbeiten möchtest, und dem, was Deine Lieblingskunden brauchen und wollen.

Wenn jemand kein Interesse an einem solchen Angebot hat, dann ist er oder sie **nicht Dein Lieblingskunde. Sondern nur in Deiner Zielgruppe.**

Das perfekte Angebot bietest Du also auch aus einem bestimmten Mindset heraus an. Natürlich kannst und solltest Du mit dem Feedback der Zielgruppe bzw. Deiner Lieblingskunden arbeiten, wenn Du über Inhalte und Rahmenbedingungen für Dein Angebot nachdenkst.

Achte aber unbedingt darauf, wenn sich Deine Wünsche und Ansprüche vermeintlich mit denen Deiner Zielgruppe beißen:
Der Preis für Dein Angebot sollte sich zum Beispiel in erster

Linie für Dich gut anfühlen. Lege ihn nicht danach fest, was Du glaubst, Deine Kunden bereit sind zu zahlen.

Warum?

Weil Du Dich damit in eine Abwärtsspirale stürzt. Legst Du einen Preis fest, legst Du Deine Arbeitsbedingungen fest. Ein Produkt für 500€ muss man anders und vor allem öfter verkaufen, als eines für 4.000€. Im schlimmsten Fall freust Du Dich gar nicht, einen Kunden gewonnen zu haben, sondern bist gedanklich schon beim nächsten Kunden, der Dir noch fehlt, weil es sonst diesen Monat finanziell knapp wird. Du hetzt Dich selbst in den Mangel, wenn Du zu Bedingungen arbeitest, die Dich nicht glücklich machen.

Das bedeutet nicht, dass Du den Preis Deines Angebotes nach oben treiben musst, so sehr es geht. Aber Du musst die Entscheidung bewusst, und vor allem für DICH treffen: Willst Du im Premiumsegment arbeiten, wo Du einen ganz bestimmten Schlag Mensch anziehen wirst, oder, weil Du mit anderen Typen besser arbeiten kannst, Dich in einem anderen Segment ansiedeln? Oder willst Du mit Mini-Offern gezielt möglichst viele Menschen erreichen und berühren?

Das gilt auch für Inhalte oder andere Rahmenbedingungen, von denen Du glaubst, dass sie Deinem Gegenüber bestimmt auch wichtig wären.
Bist Du Gründerberater, sind für Deine Klienten mit großer

Sicherheit auch rechtliche und verwaltungstechnische Fragen relevant. Wenn Deine Passion eher in der Persönlichkeitsentwicklung liegt, dann lass Dich nicht dazu hinreißen zu glauben, dass Du die anderen Themen auch abdecken musst.

Scannertypen sind nicht die Typen, die zum Leiden gemacht sind. Dein Hirn wird Vermeidungsstrategien entwickeln und am Ende sabotierst Du Dich selbst.

Um Dein Durchhalten zu garantieren musst Du also Angebote entwickeln, hinter denen Du zu 100% stehst und mit denen Du in Deinem strategischen Vorgehen in der Vermarktung und im Tagesgeschäft glücklich bist.

Wie viele Abschlüsse ergeben meinen angestrebten Monatsumsatz und welche Strategien sollte ich ergo dafür wählen? Wie fühlt sich mein "Job", die Leistung zu erbringen, für mich an?

Aus diesen Gedanken heraus entsteht der Rahmen für Dein Angebot.

Inhaltlich macht es ebenfalls Sinn, sich bei Deinem Core Offer, Deinem Hauptangebot, darauf zu konzentrieren, was Dir besonders Freude macht, zu vermitteln, in was Du besonders gut bist und worüber Du stundenlang ohne Pause reden könntest.

Dadurch wirst Du gleichzeitig den größten Nutzen für Deine Kunden bringen und ohne Burnout arbeiten können.

Du kannst gleich damit beginnen zu validieren, ob dieses Themengebiet schon Rückendeckung in Deiner Community hat.

Werde vor allem in interaktionsstarken Formaten wie Stories mit Deinem Hauptthema präsent, sprich darüber, platziere viele leicht zu beantwortende Umfragen (mit dem Umfragesticker) auf relativ niedrigem Komplexitätslevel, um erstmal abzufragen, ob das Thema ankommt.

Verzeichnest Du eine Steigerung der Story Views und Interaktionen, bist Du auf dem richtigen Weg.

Denke auch an die Zugänglichkeit Deines Themas, bzw. des Themas, das du in Deinem Hauptangebot verpacken möchtest:
Dir soll es ganz leicht fallen zu formulieren, in welcher Situation Deine Lieblingskunden gerade stecken müssen, um in Deinem Angebot genau richtig aufgehoben zu sein:

"Du kommst nach Deinem 9 to 5 Job nach Hause und willst Dich noch ein paar Stunden an den Rechner setzen, um an Deiner Selbständigkeit zu arbeiten.
Du stehst noch in der Tür, als Dir das Chaos auffällt, dass

Dich in der Küche erwartet. Wie Du Dich trotz Kind und Kegel so organisierst, dass Du Dir als vielbeschäftigte Frau Deine Selbständigkeit nebenher aufbaust, zeige ich Dir in meinem neuen..."

Je genauer Du solche Situationen beschreiben kannst, desto mehr Durchschlagskraft wird Dein Angebot haben. Weil es ZUGÄNGLICH ist. Es liegt nahe an der Lebensrealität Deiner Lieblingskunden und spricht etwas an, was ihnen gerade im besten Fall mehrmals täglich im Kopf herum geht.

Lass uns kurz reflektieren, auf welcher "Stufe" Deiner Treppe Du nun stehst:

Du weißt, wie wichtig "Verpackung" und Small Talk sind, um mit fremden Menschen erstmalig in Kontakt zu kommen.

Du hast kennengelernt, wie Du Content erstellst, der das Ziel verfolgt, Aufmerksamkeit und Interesse zu erzeugen.
Du weißt auch, welche Content Formate im Anschluss dazu geeignet sind, um weiter Vertrauen aufzubauen.

Du weißt, dass es ganz auf die Bedürfnisse Deiner Zielgruppe ankommt, wie sie ganz individuell Vertrauen fassen und dass Du ihnen den entsprechenden Input liefern musst.
Dann haben wir beleuchtet, dass Du das Thema Deines

Hauptangebots validieren musst.

Du kennst jetzt die Methoden, über Dein Thema zu sprechen und sichtbar zu werden. Reagiert die Community positiv darauf, kannst Du eine Steigerung von Views und Interaktionen messen, hast Du auch diese Stufe gemeistert.

Wenn Du jetzt Dein Angebot zusammenschnürst und Dir klar ist, was Du anbieten willst, sind wir an einem ganz entscheidenden Punkt angekommen:

Es wird Zeit, über das Angebot zu sprechen und zu verkaufen.

Es wird Zeit für eine unwiderstehliche Verkaufsstratgie.

VERKAUFEN & KAUFEN LASSEN

Ich lebe in einer Welt ohne "Einwandbehandlung" und anderen klassischen Verkaufsbegriffen.

Es mag sein, dass einige Verkaufssysteme darauf ausgelegt sind, Menschen das Angebot zu präsentieren und dann ihre "Abers" zu "behandeln", aber lass uns mal aus einer anderen Perspektive über Verkaufs- bzw. Kaufsituationen sprechen.

Meine Kundinnen und ich liegen bei "Abschlussquoten" von 90% in direkten Kaufsituationen, wie beispielsweise in einem Verkaufsgespräch.

Warum?

Weil wir in unserem System von Anfang an mit einem so hohen Standard arbeiten.

Wir haben uns eingangs darauf geeinigt, weniger an eine Zielgruppe, als an Deine Wunschkunden zu denken.

Wunschkunde bedeutet, dass die Rahmenbedingungen passen. Also dass ihr ein ähnliches Verständnis von guter

Zusammenarbeit habt und ähnlich tickt, dass die Wertschätzung für Deine Leistung da ist und es finanziell passt, und natürlich, dass Deine Kommunikation und Deine Lösung, die Du bietest, sie zu 100% ansprechen.

Warum sollte sich jemand, auf den all diese Punkte zutreffen, gegen eine Zusammenarbeit entscheiden?

In manchen Situationen ist es eine Frage des Timings. Aber dann wird eben in einem anderen Monat in die Zusammenarbeit gestartet!

Zäh und eklig wird Verkaufen erfahrungsgemäß dann, wenn Du mit Menschen sprichst und sie für Dich und Deine Leistung gewinnen willst, die eigentlich nicht perfekt zu Dir passen.

Darum ist es auch so wichtig, dass Du Dich so früh wie möglich nur auf Deine Lieblingskunden konzentrierst.
Denn baut sich eine Verkaufsfrustration erstmal auf, ist es extrem schwer, negative Glaubenssätze wieder loszulassen.

Kommt jemand mit einem "Vielleicht" zu Dir, und Du versuchst mit voller Leidenschaft, das zu einem "Ja" zu machen, tut ein "Nein" am Ende natürlich umso mehr weh.
Und stößt Du auf dem Weg zur Entscheidung auf Widerstand um Widerstand, sinkt Dein Selbstvertrauen und es

macht keinen Spaß.

Konzentriere Dich auf die Menschen, bei denen Du im Austausch klare "Ja" Signale spürst.

Und verkaufen, bzw. kaufen lassen wird kinderleicht.

Wenn Du noch das Gefühl hast, dass sich das völlig realitätsfremd anhört, kann ich Dich gut verstehen.

Wenn man diesen Effekt noch nie erlebt hat, hört sich das einfach zu schön an, um wahr zu sein.

Für meine Kundinnen und mich ist das die Realität.

Eine Realität, die Resultat von klarer Ausrichtung und damit von klarer Anziehung ist.

Der erste Schritt ist natürlich, ganz genau zu wissen, wer Deine Wunschkunden sind.

Folgst Du diesem Weg mit den in diesem Buch vorgestellten Methoden konsequent, ist das Resultat unvermeidlich, dass Du nur noch mit Deinen Wunschkunden sprichst.

Zu verkaufen bedeutet in dem Kontext nur noch, eine gemeinsame Ebene zu schaffen und den Weg in die Zusammenarbeit zu ebnen.

Das kann natürlich auch eine Landingpage mit einem Bezahllink sein, aber für den Anfang empfehle ich Dir, so viele direkte Gespräche mit Deinen Wunschkunden zu führen wie möglich.

Du brauchst die Erkenntnisse aus direktem Austausch, um gute Texte, Überschriften und Co. für Deine Landingpages und so weiter zu schreiben.

Du musst lernen, welche Sprache, welche Worte Deine Wunschkunden benutzen.

Du musst sie in- und auswendig kennenlernen. Und auf dem Weg dahin wirst Du Optimierung um Optimierung immer und immer besser darin, mit Kaufsituationen umzugehen.

Vor allem wenn Du Dich in Verkaufssituationen noch nicht richtig sattelfest fühlst, würde ich Dir empfehlen, insgesamt den Druck rauszunehmen.

Gehen wir mal von einer direkten Verkaufssituation, also einem Verkaufsgespräch aus.

Ein mehrstufiger Gesprächsablauf sorgt dafür, dass Du den Leistungsdruck, den Du Dir vielleicht machst, verteilen und Denkpausen für beide Seiten organisch einbauen kannst. Am Anfang Eures ersten Kontakts macht eine sogenannte Qualifizierung Sinn.

Du musst herausfinden, ob ihr ein Perfect Match seid, also, ob es sich aus Deiner Sicht um einen Wunschkunden handelt.
Dann solltest Du die Rahmenbedingungen für eine mögliche Zusammenarbeit schnellstmöglich transparent machen.

Denn auch, ob Eure Vorstellung von einer idealen Zusammenarbeit auf zeitlicher, organisatorischer und finanzieller Basis deckungsgleich ist, ist offensichtlicherweise entscheidend.

Wie kommst Du vom Kennenlernen elegant dazu, die Rahmenbedingungen Deines Hauptangebots, Deines Core Offers vorzustellen? Denk daran, Du solltest immer zuerst über das Offer sprechen, das Du auch vorrangig verkaufen, bzw. kaufen lassen willst!

Sammle erst die Informationen und ein Gefühl dafür, ob es "passt", und frage dann einfach nach Hintergrundinformationen zur aktuellen Situation. Schließlich habt Ihr Euch ja aus einem konkreten Grund getroffen und Du musst verstehen, wie die Situation aktuell zustande gekommen ist und was die Motivation ist, die Situation zu verändern.

An dieser Stelle könnte es auch sein, dass Du feststellst, dass es zwischen Euch nicht passt oder dass der Bedarf, etwas zu verändern, gar nicht so groß ist.

In dem Fall ist der Interessent nicht für eine Zusammenarbeit qualifiziert, da kein Wunschkunde, und Du kannst das Gespräch zügig beenden oder darauf verweisen, in Kontakt zu bleiben.

Wenn Du aber feststellst, dass es gut passen würde und dass Deine Lösung auch die ist, die sich das Gegenüber wünscht, dann macht es Sinn, aus der eigenen Expertensicht eine

Einschätzung zur Situation anzubieten.
Dir sollte es leicht fallen, bei Themen in Deinem Expertenge-
biet sofort Lösungsansätze zu sehen.

Beachte dabei die "Mehrwertfalle", die wir bereits kennengelernt haben: Es geht nicht darum, in dieser Situation Dein
Wissen zu beweisen oder möglichst gute "Tipps" mitzu-
geben, sondern darum, eine Perspektive zur langfristigen
Lösung des Problems aufzuzeigen.

Um den Druck, zu kaufen oder aus Deiner Sicht zu verkaufen aus dieser Situation zu nehmen, kannst Du folgende
Perspektive geben:
Biete an, Dich mit den Informationen aus dem Gespräch
nochmal zurückzuziehen und einen konkreten Umsetzungs-
plan für Deinen Wunschkunden in spe auszuarbeiten, bevor
es konkret um eine Entscheidung in Richtung Zusammenarbeit geht.

Die groben Rahmenbedingungen, also wie eine Zusammenarbeit organisatorisch aussehen würde und welche finanziellen und zeitlichen Ressourcen dafür notwendig sind, solltest
Du noch in diesem Gespräch anreißen.

So kannst Du in Ruhe einen Coaching Plan erstellen, der auf
Dein Gegenüber perfekt zugeschnitten ist.
Dein Gegenüber hat in den Tagen dazwischen etwas Zeit,

die Informationen zu verarbeiten und ggf. weitere Fragen zu sammeln.

Obwohl über den konkreten Plan der Zusammenarbeit erst im zweiten Gespräch entschieden werden soll, sorgt das Bauchgefühl Deines Gegenübers allermeistens dafür, dass das Pendel für Ja oder Nein schon nach dem ersten Gespräch ausschlägt und die Entscheidung unterbewusst schon gefallen ist.

Kannst Du dann alle Nachfragen souverän beantworten, steht einer erfolgreichen Zusammenarbeit nichts mehr Wege.

Die wichtigsten Checkpoints dieser Kaufsituation noch einmal zusammengefasst sind folgende:

Perfect Match Qualifizierung: "Bin ich hier richtig?"
Rahmenbedingungen anreißen/Erwartungshaltung klären.
Lösungsansatz vorstellen.
Nächsten Schritt vorstellen, hinführen!

Und aus diesen Checkpoints kannst Du entsprechend auch Deine Landingpages, Deine Verkaufsseiten oder Deine Webseite konstruieren.

Angereichert mit Deinen Erfahrungen aus dem persönlichen Kontakt werden auch Deine Messages im Marketing immer präziser und immer persönlicher auf die Bedürfnisse Deiner Lieblingskunden zugeschnitten sein.

Dein Content kann nun FÜR DICH verkaufen.

NO BRAINER ANGEBOTE

No Brainer Angebote sind ein tolles Werkzeug, um den Weg, bzw. die Stufe vom Interessenten zum Kunden etwas zu ebnen.

Hast Du es mit einer Zielgruppe zu tun, die durch negative Erfahrungen eine gewisse Vorsichtshaltung entwickelt hat, können solche Kennnenlern- oder Einstiegsprodukte sehr gut funktionieren.

Insgesamt sind sie ein tolles Mittel, Menschen auf dem Weg von "warm" zu "heiß" noch näher an Dich heranzuführen, oder aber jemanden zu binden, dem es aus Timing oder finanziellen Gründen noch nicht möglich ist, Dein Core Offer zu buchen.

No Brainer Angebote nennen wir in Verkaufssituationen auch unsere "Downsale-Option", weil genau das immer passieren kann:
Du wirst von einem Lieblingskunden gefunden, es ist aber noch nicht möglich, mit der regulären Betreuung zu starten.

Dann kannst Du eines Deiner No Brainer Angebote heraus-
ziehen und Dein Gegenüber dadurch schon auf den richtigen Weg bringen.

In dem Fall ist es wichtig, verbindlich in Kontakt zu bleiben,
also immer einen FOLGETERMIN (!) für ein gegenseitiges
Update auszumachen.

Und das ist einer der wichtigsten Punkte, über die wir hier
sprechen:
Eine verbindliche Organisation der Follow Up, also der
Nachfassprozesse sind der größte und simpelste finanzielle
Hebel.

Das Prinzip ist einfach. Kommst Du mit jemandem in Kontakt, der offensichtlich ein Wunschkunden Kandidat ist, der
aber noch nicht starten kann, so muss beim Abschied immer
ein neuer Termin stehen, an dem Ihr Euch sprecht.
Verbindlichkeit schafft Führung!

Was übrigens nicht zählt, ist ein "ich melde mich ganz be-
stimmt spätestens am Freitag!"
So etwas klappt NIE!
Selbst, wenn Dein Gegenüber das gar nicht als Ablehnung
meint und später trotzdem Kunde wird- der Freitag wird
verstreichen und Du sitzt auf heißen Kohlen und badest in
Selbstzweifeln. Wann kannst Du Dich wieder melden und an
Eure Abmachung erinnern?

Das ist immer eine blöde Situation.

Gerade, wenn Du sagst, Du möchtest ein klares System, muss das auf verbindlichen Follow Up Terminen, am besten per Telefon, basieren.

Wenn Du keine Lust auf solche Verabredungen hast, sollten wir da mal genauer hinschauen. Zumindest, solange Du noch in der organischen Phase Deines Unternehmens Aufbaus bist und noch nicht alles automatisiert und über Werbeanzeigen läuft, ist es nämlich schwer etwas zu finden, was dieses Vorgehen ersetzen kann.

Es ist dann am wahrscheinlichsten, dass Du noch nicht das Gefühl hast, mit Deinen Lieblingskunden zu sprechen.

Und damit wieder ein Zielgruppenthema!

Diese Update Termine sind nämlich weiter nichts Wildes. Du fragst einfach nur nach dem aktuellen Stand und den Herausforderungen und hörst heraus, ob es gerade die Zeit ist, gemeinsam zu starten, oder nicht.

Theoretisch sprichst Du mit Deinen Lieblingsmenschen und gewinnst im schlimmsten Fall einen Kunden!

Solche Systeme, die auf Einstiegsprodukten wie No Brainer Angeboten basieren, bilden die Strategie, die Dir im Marketing Klarheit schafft und Dir den Rücken frei hält.

So werden Deine Umsätze immer planbarer und zuverlässiger, weil Du weißt, wie Du systematisch Umsätze generierst.

Wie baust Du also so ein No Brainer Angebot optimal auf?

Ein ganz definierender Faktor eines No Brainer Angebots ist natürlich der Preis:
Vor allem für Einstiegs Produkte, Produkte, die an Menschen gerichtet sind, die noch keinen besonders großen Vertrauensbonus Dir gegenüber mitbringen, ist der richtige Preis entscheidend. Der Sweet Spot liegt meistens an der oberen Grenze der "No Brainer" Preisspanne. Und das mit der "oberen Grenze" ist tatsächlich wichtig zu betonen! Entgegen der Angst vieler Coaches kann ein Angebot nämlich auch zu günstig sein, nicht nur zu teuer, um von Deiner Zielgruppe gekauft zu werden.

Wenn Dir das ein Knoten im Kopf ist, dann versetze Dich mal in die Lage von Menschen, die gerne Designerklamotten tragen. Der Preis, den man in solchen Situationen bezahlt, richtet sich nicht danach, was man sich leisten kann, sondern welchen Wert man mit dem verknüpft, was man da ersteht.

Würdest Du ein Sachbuch für 4,99€ ernst nehmen? Wahrscheinlich nicht.
Wenn Du "nur" Deine Liste mit möglichst vielen Kontakten füllen willst, und es nicht schlimm ist, wenn es sich dabei

hauptsächlich um Kontakte handelt, die relativ kalt bleiben und einfach eine Weile bei Dir abhängen, dann kannst Du durchaus auch mit 0€ oder sehr niedrigpreisigen Angeboten arbeiten.

Erfahrungsgemäß ist es ein schnellerer Hebel zu qualitativen, warmen Kontakten bzw. sofortigen Upsells in Deine größeren Angebote, Angebote am oberen Ende der No Brainer Spanne zu launchen.

Also zusammenfassend: Quantitativ mehr, aber nicht besonders committete Kontakte sammelst Du mit 0€ und sehr niedrigpreisigen Angeboten.
Weniger Kontakte, die aber mit größerer Wahrscheinlichkeit das Angebot auch durcharbeiten, bzw. nutzen und damit eine größere Nähe zu Dir entwickeln, erreichst Du mit No Brainer Angeboten im oberen Spektrum.

Was ist nun ein echter No Brainer Preis und wie ermittelst Du ihn für Deine Zielgruppe?

Ein No Brainer Preis liegt in der Höhe von Ausgaben, die in einer Woche mindestens einmal VON DEINER ZIELGRUPPE getätigt werden.
Orientieren kannst Du Dich am Preis eines Einkaufs im Supermarkt, einem Paar Schuhe, die man wirklich braucht, oder einem Abo, das man mal kündigen sollte, aber immer vergisst.

Wichtig ist, dass Du nicht von Deiner Perspektive, sondern tatsächlich von der Lebensrealität Deiner Zielgruppe ausgehst.

Nehmen wir das Beispiel Schuhe und unternehmen wieder einen Ausflug in die Gedankenwelt Deiner Lieblingskunden: Nehmen wir an, ein Ausflug mit dem Sportverein steht an. Es geht auf eine Wandertour. Die weißen Sneaker sind dafür ungeeignet, so viel steht fest. Und außerdem, dass das das einzige Mal Wandern in den nächsten 5 Jahren sein wird. Was gibt Dein Lieblingskunde jetzt für dieses Paar Schuhe aus, das nach diesem Wochenende in die Mülltonne wandert oder im Schrank verstaubt? Welche Ausgabe tut ihnen nicht ein bisschen weh?

Gehen sie zu einer Billigkette und kaufen ein paar Stoffschuhe für 20€? Oder gehen sie in ein Fachgeschäft und verlassen es mit 120€ weniger in der Tasche?

Bei welchen Beträgen ziehen sie einfach die Karte durch, ohne hinzusehen? Das ist der No Brainer Preis.

Als Orientierung: Normalerweise bewegen sich die Obergrenzen für No Brainer Preise zwischen 20€ und 140€.

Betrachte es aber unbedingt ganz individuell für Deine Lieblingskunden. Routinierte Unternehmer oder Menschen, deren Money Mindset auf "Fülle geben heißt Fülle empfangen" programmiert ist, haben oft auch höhere Spannen.

Der No Brainer Gedanke zählt aber nicht nur für die finanzielle, sondern auch die zeitliche und energetische Komponente.

Wahrscheinlich hast Du den Impuls, so ein Angebot mit Mehrwert möglichst voll zu packen und möglichst viel Betreuung anzubieten. Wahrscheinlich neigst Du als echter Experte mit hohem Anspruch an Dich selbst dazu, beim Umfang des Angebots zu "overdelivern".

Statt zu viel Mehrwert hinein zu packen, solltest Du Dein Angebot quadratisch praktisch halten.

Ein No Brainer Angebot hat keinen komplexen Aufbau.

Klassische Formate sind Downloads, Online Seminare oder kleine Videokurse. Deine Zielgruppe darf keine Energie aufwenden müssen bei dem Versuch, das Angebot zu verstehen. Sie müssen nach einer Flasche Sekt und drei Nächten ohne Schlaf (metaphorisch) immer noch einordnen können, auf was sie sich einlassen.

No Brainer eben.

Ohne Einsatz von Hirnschmalz.

Ohne Abnutzung des Entscheidungsmuskels.

Also halte es einfach.

Da das Angebot keine besonders komplexe Tiefe aufweisen sollte, sind natürlich die Kommunikationsträger, die präsent

sind, umso tragender. Wie zum Beispiel der Titel.
Ein effektiver Weg ist, im Titel Deines No-Brainer Angebots gleich das zentrale Versprechen zu formulieren.

What's in for me?

Worum wird es in diesem PDF, Online Workshop etc. gehen? Warum sollte ich teilnehmen? Holt mich dieses Angebot genau da ab, wo ich stehe?

Mögliche Formate, die in der Regel sehr gut performen, sind:

Die fünf größten Fehler von [Zielgruppe] bei [Problem] und wie Du [Ziel] erreichst.
Das größte Geheimnis von [Branche] für [Ziel] in 2024.
Die drei wichtigsten Schritte, um [Ziel] erfolgreich zu starten als [Zielgruppe].

Schneide das Thema so eng wie möglich zu. Daneben geht ein No-Brainer Angebot meistens mit Formulierungen, die zu unklar sind.

Für wen ist dieses Angebot genau richtig?
Was nehme ich am Ende mit?
Die Antworten auf diese Fragen sollten unmissverständlich aus der Kommunikation im Vorfeld hervorgehen.

Sorge für EINE zentrale Selbsterkenntnis, für EINEN Aha-Moment, für Klarheit und die Motivation, das Thema jetzt endlich richtig anzugehen. Das sollte der Inhalt Deiner Einstiegsprodukte sein. Damit lieferst Du genug Input und Mehrwert, und bereitest ihn so auf, dass er auch wirken kann.

Nichts ist kontraproduktiver, als die Menschen mit zu viel "Wissen" zu überrollen. Gib ihnen einen Input, den sie auch sofort verarbeiten können und der motiviert, den nächsten Schritt zu gehen. Denn dann kannst Du sie die Treppe weiter rauf und zu Deinem Upsell Angebot begleiten.

Für sie wird es sich anfühlen wie der nächste logische Schritt. Und kaufen und verkaufen wird auf einmal ganz einfach.

Außerdem wirst Du in diesem Stadium automatisch die herausfiltern, die bei Dir falsch sind, oder die noch nicht bereit sind, die Transformation, für die Du stehst, anzugehen.

Absolut entscheidend für Deinen Erfolg ist, dass Du solche Bausteine wie Einstiegsprodukte, oder auch einen Newsletter und so weiter nicht einfach aufbaust und dann... wirds schon funktionieren. Entscheidend ist, dass Du die Verbindungen, die Schnittstellen, die Treppenstufen zwischen Deinen Trittsteinen strategisch angehst.

Am Beispiel Deines Einstiegs- bzw. No Brainer Angebots bedeutet das, dass Du eine möglichst verbindliche Führungsschiene bauen musst.
Was ist die Situation der Menschen am Ende Deines No Brainer Angebots?
Hat sich etwas in ihren Einstellungen zum Thema oder ihre Wahrnehmung ihres Problems geändert?
Wo sollen sie als nächstes hin?

Nehmen wir an, Dein No Brainer Angebot ist ein Online Live Seminar. Du möchtest mit den Leads daraus Dein Coaching Programm füllen.

Eine optimierungswürdige Führung würde so aussehen, dass Du am Ende des Workshops Dein Coaching Programm vorstellst und vielleicht noch einen Link zur Buchung in den Chat stellst. Das ist schon gar nicht schlecht. Aber Du überlässt in diesem Szenario noch zu viel dem Zufall und Prinzip Hoffnung. "Wer sich dafür interessiert, der wird schon auf den Link klicken!" Pustekuchen. Damit verschenkst Du viel Potential.

Stell Dir vor, es ist 18:30 Uhr am Abend nach Deinem Seminar. Die Kinder wollen ins Bett gebracht werden und Deine potentielle Lieblingskundin denkt sich, ach, ich schau mir das später an. Und vergisst es dann. Das Leben geht weiter.

Wenn Du am Ende Deines Seminars angekommen bist, poste lieber den Link zur Buchung eines ergänzenden Einzelgesprächs in den Chat. Fordere die Teilnehmer auf, alle gemeinsam auf den Link zu klicken als Abschluss des Seminars.
Erkläre ihnen, dass alle, die sich im Webinar durch Punkt xy angesprochen gefühlt haben, dieses Einzelgespräch nutzen sollten und Du allen kurz eine Minute Zeit gibst, um sich einen passenden Termin auszusuchen.
Bedanke Dich und teile Deine Freude darüber, dass Du schon die ersten Terminbuchungen in Deinem Postfach sehen kannst, wenn dem so ist, und verabschiede sie dann

herzlich aus dem Seminar.

Natürlich kannst Du auch durch einen smarten Newsletter Aufbau im Anschluss an Dein No Brainer Angebot Dein Folgeangebot pitchen. Als Ergänzung zum oben genannten optimalen Prozess taugt das allemal. Aber erfahrungsgemäß ist die Conversion Quote der Folgebuchungen am höchsten und auch für Dich am schnellsten und einfachsten, wenn Du sie direkt in der Situation unterstützt.

Denk auch dabei immer daran, dass es gewissen Typen noch schwerer fällt als anderen, aus eigener Kraft aktiv zu werden.

Je mehr Deine Zielgruppe damit zu kämpfen hat, eine Entscheidung für sich zu treffen, sie einen extrem vollen oder fordernden Alltag haben mit vielen Ablenkungen, desto einfacher machst Du es ihnen, wenn Du die Führung übernimmst und sie von Option zu Option begleitest.

Ich sehe das wie einen zusätzlichen Service.
Es ist verdammt einfach, bei mir zu kaufen.

Wie Du siehst, ist Verkaufen und Marketing auf der einen Seite ein System, und auf der anderen Seite zu mindestens 50% Mindset Arbeit.

Wenn wir selbst eine negative Haltung zum Thema Anbieten und Verkaufen mit uns herumtragen, wird es nicht funktionieren, mit Leichtigkeit Kunden zu gewinnen.

Das hat also weniger mit Verkaufsstrategien zu tun, als mit der Einstellung dazu.

Noch öfter, als dass es an den Strategien mangelt, mangelt es an der Kenntnis oder an der Fähigkeit, diese umzusetzen.

Das Wichtigste ist, dass wir auch zulassen, dass unsere Lieblingskunden bei uns kaufen!

SCANNER MINDSET

Dein Hirn arbeitet extrem schnell. Denkt immer drei Schritte voraus. Das heißt, der Klassiker ist, dass Du Dich entwickelst, aber nicht schnell genug für Deinen eigenen Geschmack.

Dass Du zwar Fortschritte gemacht hast, aber ja noch nicht an dem Ziel bist, das Du Dir gesteckt hast. Dass Du jetzt endlich gelernt hast, Dich in Reels zu zeigen, aber dass Du für den Schnitt noch so lange brauchst.

Dein größter Mindset Fehler ist, Dich für Deine Fortschritte nicht genug zu feiern.

Dein "Das ist toll, aber…" Denken verhindert, dass Du die Position der Fülle einnimmst. Und ganz direkt: Wir müssen auf jeden Fall an Deiner Ausstrahlung arbeiten!
Würde Deine Ausstrahlung schon unmissverständlich aussenden, wer Dein erfolgreiches, leichtes Business Ich ist, dann wärst Du schon längst jemand, der ohne Schwierigkeiten seine Wunschkunden anzieht.

Und auch, wenn Du auf diesem Weg schon einige Schritte gegangen bist, liegt in Deiner Ausstrahlung, in Deiner Offenheit dem Erfolg gegenüber und in Deiner Liebe zu Deinen Kunden Dein größtes Wachstumspotenzial!

Soviel wir über Marketing-Systeme, Methoden, Skills gesprochen haben: Das sind immer nur die Vehikel, um Dich in Bewegung zu bringen. Um den ganzen „spirituellen Mindset Kram" kommst Du trotzdem nicht herum. Kommen wir auch als Scanner und waschechte Pragmatiker nicht herum.

Das Gute ist: Das ist wirklich ein Teil der Arbeit, der unglaublich viel Spaß macht. Es geht tatsächlich zu einem großen Teil darum, wahrzunehmen, zu feiern und zu fördern.

Lege Dir als erstes eine Liste der Dinge an, die Du in Zukunft kurzfristig, mittelfristig und, wenn Du das absehen kannst, langfristig meistern oder umsetzen willst. Erstelle daraus gerne eine Timeline, bzw. Meilensteine.

Ist zum Beispiel Dein erster fünfstelliger Monatsumsatz ein solcher Meilenstein? Oder, dass Du Dich endlich traust, ein Video mit Deinem Gesicht hochzuladen?
Es gibt keine zu kleinen Schritte für Deine Meilensteine.
Auch ein vermeintlich winziger Schritt kann für Dich aufgrund Deiner Glaubenssätze oder Prägungen ein echter

Kraftakt sein, auf den Du stolz sein kannst. Es gilt quasi das Prinzip:

Ein kleiner Schritt für die Menschheit, aber ein großer Schritt für mich!

Wenn Du gerade in einer Sackgasse steckst und erstmal mit irgendwas anfangen musst, um aus Deiner Lähmung herauszukommen, dann belohne Dich gleich morgen, wenn Du eine kurze Story hochgeladen hast.
Du kannst auch Kundenerfolge mit auf die Liste schreiben, oder wenn Du Dir Zeit für Deinen Urlaub frei geschaufelt hast... Deiner Vorstellung sind keine Grenzen gesetzt.

Du kannst unter Deinen Meilensteinen auch Gruppen bilden: Vielleicht gibt es kleinere Schritte und große Etappenziele? Ist etwa der fünfstellige Monatsumsatz gefühlt ein riesiges Ding?
Dann lege dafür auch eine entsprechend üppige Belohnung fest.

Als Belohnung für Deine Meilensteine eignet sich so ziemlich alles, über was Du Dich freust oder was Du als "feierlich" empfindest. Auch materielle oder immaterielle "Anker" sind super geeignet, um die Wichtigkeit eines Moments hervorzuheben.
Ich als (Teilzeit) Fashion Victim habe mich zum Beispiel für

einen besonders erfolgreichen Monat mit einer Designertasche belohnt.

Wenn ich mein Jahresziel erreiche, das sehr ehrgeizig, aber machbar ist, werde ich in meine erste eigene Immobilie investieren. Für kleinere Schritte oder Erfolge belohne ich mich mit all dem, was sich gerade richtig anfühlt. Eine Wellnessbehandlung beim Kosmetiker, ein Nachmittag im Café nur mit mir alleine, ein wunderschönes, neues Notizbuch.

Dabei gibt es nur eine Regel: Du kannst nicht zu viel feiern. Du bist wahrscheinlich Dein Leben lang darauf konditioniert worden, selbst Dein größter Kritiker zu sein. Damit fügst Du Deinem Selbstvertrauen, Deinem Optimismus, Deiner Freude am Ausprobieren und Fehler machen jeden Tag Schaden zu. Du profitierst enorm von einem Mindset, dass Dir erlaubt, selbst Dein größter Fan zu sein, Dich wohl in Deiner Haut zu fühlen und stolz auf das zu sein, was Du bereits erreicht hast.

Wichtig beim Feiern ist tatsächlich einfach, den Moment kurz wahrzunehmen. Du kannst Dich auch mit einem selbstgepflückten Gänseblümchen belohnen.

Neben meinen Belohnungen habe ich ein wundervolles Ritual mit mir selbst: Jeden, JEDEN neuen Kunden feiere ich mit einem kleinen "Happy Dance". Das geht auch ohne Musik und überall. Ich tanze einfach ein paar Sekunden, oder länger, wenn ich will. In meinem Büro oder auf dem Weg in den Supermarkt! Inzwischen tanze ich, wie Du Dir vorstellen kannst, ziemlich viel. Und das ist ein elementarer Teil meines Traumlebens:

Sich jeden Tag bewusst ein paar Sekunden lang über das zu freuen, was man sich aufgebaut hat.

Ich hoffe, Du kannst nachvollziehen, dass Deine "Energie" im Marketing eine ganz andere ist, wenn Du mit dieser Einstellung nach außen sichtbar wirst, als wenn Du mit einem Mindset von "Oh hoffentlich wird dieser Launch nicht so schlecht wie der letzte, damals habe ich nur 3 neue Kunden gewonnen, grade läuft es einfach nicht..." kommunizierst.

Konzentriere Dich darauf, jeden Kontakt, jedes aufkeimende Interesse, jeden Kunden für jedes noch so kleine Produkt zu wertschätzen. Fange an, diese Menschen zu lieben. Das wird dafür sorgen, dass Du mehr von ihnen in Dein Feld ziehst - oder die, die schon da sind, auf einmal wahrnehmen kannst!

Vielleicht fragst Du Dich gerade aber auch: **"Warum ziehe ich immer die falschen Menschen an?"**

Ob Du Dein Angebot umgestellt hast, die Zielgruppe

wechseln willst, oder den Eindruck hast, dass nur Menschen in Deinen Communities sind, die gar nicht bei Dir kaufen wollen - so kommst Du nicht weiter.

Bist Du vom Typ Terrier, kann es aber sein, dass Du Dich an diesem "Problem" zu sehr festgebissen hast. Das stelle ich immer dann fest, wenn in Gesprächen jemand zu mehr als 20% von den Menschen redet, die er loswerden will. Bei ausgeprägten Terrier Persönlichkeiten sind das locker auch mal 90%. Wenn sich alles in Deinem Kosmos darum dreht, dass Du gerade die falschen Menschen anziehst, dann richtet sich unterbewusst alles auf diese Personen aus. Du landest immer tiefer in der Sackgasse.

Stopp!
Mindestens 80% Deiner Gedanken sollten um die Menschen kreisen, die Du in Zukunft anziehen willst. Dann fängst Du auch an, zu genau diesen Menschen zu sprechen.

Ein weiteres, scannerspezifisches Thema ist es, Kontrolle behalten zu wollen.
Du bist es gewohnt, Recht zu haben. Du schätzt Deine eigene Meinung und Einschätzung (zurecht) sehr.
Deswegen nimmst Du Deine eigene Begeisterung, aber auch ggf. Deine eigene Skepsis ernster als alles andere.

„I swear overthinking and doubting myself killed my success.

But that way I was always right."

Sei Dir bewusst, dass der härteste Gegenspieler Deines Fortschritts gewissermaßen Deine Erfahrung ist. Wenn Du Dich entwickeln möchtest und Dinge nun anders angehen willst, dann wird Dir Deine Erfahrung immer wieder mit alten eingespielten Mustern und Bewertungen ein Schnippchen schlagen.

Wenn Du das Gefühl hast, dass Du Dich manchmal selbst aufhältst, wenn Du Aufgaben priorisiert, die Dich nicht wirklich vorwärts bringen, sondern Dich gut beschäftigt halten, dann kann es sein, dass Dein innerer Angestellter außer Rand und Band ist.
Dein innerer Unternehmer weiß, wo ihr hinwollt. Aber die Kommunikation zwischen beiden möchten wir richten.

Du erkennst ein "inneres Führungsproblem" unter anderem an folgenden Symptomen:

Du musst dringend Dein Büro aufräumen.
Du müsstest Dich mal um die Steuer kümmern.
Du hast ein neues Stativ bestellt und willst warten, bis das da ist, bevor Du neuen Content drehst.
Du willst noch Dein Branding und Deine Grafiken verbessern, bevor Du mit Deinem Angebot raus gehst.
Du willst der Interessentin erst zurückrufen, wenn Du die PDF

mit Deinem Angebot fertiggestellt hast.

Was hilft, ist zu erkunden, weshalb Du Dich an gewissen Handlungen festhältst.

Ist es die Tatsache, dass es Dir da, wo Du bist, gar nicht so schlecht geht?
Spielt der Respekt vor Neuem eine Rolle?
Oder eine Erwartungshaltung von außen, die Du zu erfüllen versuchst?
Woher kommen die Ansprüche, die Du an Dich selbst hast?
Wen darfst Du nicht enttäuschen und warum?

Wenn Du diese Frage beantwortest, weißt Du, wer oder was bei all Deinen unternehmerischen Entscheidungen wirklich die Macht hat.

Aber wer sollte die Macht in Deinem Unternehmen haben?
Klar, DU!
Genauer gesagt, **Dein innerer Unternehmer.**

Wem sollte dieser Unternehmer Aufgaben zuteilen, die diese Person im vorgegebenen geplanten Zeitraum erfüllt? Und in einer annehmbaren (nicht perfekten!) Qualität abliefert?

Klar, auch DU!
Beziehungsweise **Dein innerer Angestellter.**

Wenn Du das Ganze jetzt nochmal von außen betrachtest, solltest Du reelle Anforderungen sowohl an Deinen Unternehmer als auch an Deinen Angestellten definieren.

Von Deinem inneren Unternehmer kannst Du erwarten, Entscheidungen zu treffen und Pläne zu erstellen, die das ganze "Team" und das Unternehmen nach vorne bringen. Die der Unternehmensmission und dem Unternehmenszweck entsprechend Erfolg bringen.

Und von Deinem inneren Angestellten kannst Du erwarten, dass die definierten Aufgaben in ausreichender Qualität und angemessener Zeit erledigt werden.

Ein schlechter Unternehmer würde all seine Energie darauf verwenden, seinen Angestellten auf Perfektion zu trimmen, oder Aufgaben priorisieren, die gerade gar nicht primär für den Erfolg des Unternehmens relevant sind.

Die beiden Rollen im Unternehmen dürfen aber auch Erwartungen aneinander haben:

Der Unternehmer braucht einen Angestellten, der abliefert. Der nicht ständig eine Befindlichkeit vorschiebt, um sich um Aufgaben zu drücken, die neu sind. Der ein gewisses Commitment für die gemeinsame Sache mitbringt und sich dem Chef verpflichtet fühlt, seinen Teil als ausführende Kraft beizutragen.

Der Angestellte braucht einen Unternehmer-Chef, der ihn führt. Der ihm kein Chaos und "Du machst das schon irgendwie" hinterlässt und sich dann verkrümelt, sondern der verantwortungsvoll Aufgaben so strukturiert und den Tag so plant, dass der Angestellte seine Aufgaben auch zuverlässig bearbeiten kann.

Ein guter Chef kümmert sich auch um die Gesundheit des Angestellten, sorgt für eine schöne Pausen-Umgebung und regelmäßige Erholungszeiten.

Diese beiden Persönlichkeiten musst Du gleichermaßen verkörpern, wenn Du selbständig bist.

Selbstführung ist eine Deiner wichtigsten Fähigkeiten und eine, die Du gerade als Scanner Persönlichkeit unbedingt ausbauen solltest. Denn gerade bei tausend Ideen am Tag kommt bei mangelnder Führung einfach immer zuverlässig eine Ablenkung, ein Shiny Object um die Ecke, und man sitzt in der Falle der Selbstsabotage.

Einer der schnellsten Hebel zu Verbesserungen Deiner Leistungsfähigkeit und auch Deiner Klarheit, was gerade zu tun ist, ist den Tag bzw. die Woche verbindlich vorzuplanen.

Lege Dir Termine für konkrete To Dos direkt in den Kalender. Behandle diese "Termine mit Dir selbst" so, wie Du Termine mit anderen behandeln würdest.

Dein innerer Chef legt diese Termine für Deinen inneren Angestellten fest.

Das macht das Arbeiten in der Regel auch vom Gefühl viel angenehmer, weil der Eine die Termine anlegt und der Andere sie nur noch durchführen muss.

"Beide" können so Verantwortung abgeben und dieser kleine psychologische Trick funktioniert tatsächlich!

Es klingt zwar etwas schizophren, aber dieses Werkzeug, dieser Perspektivwechsel ist sehr gut dafür geeignet, ein inneres Kontrollsystem anzulegen und eine Verbindlichkeit zu schaffen, die selbstsabotierende Verhaltensmuster aushebelt.

Wie solltest Du diese "Termine" anlegen?

Versuche, mit der Zeit einen Tagesplan zu etablieren, der Dir als Angestellter ermöglicht, zufrieden, angenehm und produktiv zu arbeiten.

Bist Du eher ein früher Vogel oder machst Du morgens lieber zuerst Dein Workout und einen Spaziergang?

Wieviel Mittagspause brauchst Du, möchtest Du, um danach wieder mit voller Power durchzustarten?

Hättest Du gerne einen festen Tag für Kundentermine oder legst Du diese konsequent in die Vormittage?

Diesen Rhythmus kannst Du auch mit der Zeit immer weiter

optimieren. Es gibt ein paar Leitlinien, an denen Du Dich orientieren kannst.

Du solltest Dir zum Beispiel ungeachtet von ihrem zeitlichen Umfang nicht zu viele einzelne To Dos am Tag einplanen. An größeren Aufgaben, für die Du wirklich tief einsteigen und länger fokussiert bleiben musst, solltest Du nicht mehr als drei an einem Tag einplanen.

Dazu zählen Kundentermine, komplexe technische Arbeiten oder Aufgaben, bei denen Du 60-90 Minuten "produzieren" musst - wie zum Beispiel, ein Buch zu schreiben.

Kleinere Aufgaben, wie einen kurzen Anruf bei einer Behörde zu tätigen oder Post zu bearbeiten kommen noch hinzu. Davon sind ca. drei bis fünf realistisch unterzubringen.

Schätze den Zeitaufwand und lege Dir aus den To Dos, die für die kommenden Tage Priorität haben, einen Tagesplan an.
Achte darauf, dass jeden Tag MINDESTENS eine Aufgabe einen ECHTEN Fortschritt in Deinem
Business bringt.

Dazu gehören Gespräche mit Kunden in spe oder Marketingtätigkeiten, wie Content zu produzieren (und zu posten!).

Nicht dazu gehört, Texte für Deine Landingpage zu schreiben, Dein neues Logo zu designen, oder einen neuen Anbieter für Dein Newsletter Tool zu suchen. Auch das sind wichtige Aufgaben, aber nicht primär für den Erfolg Deines Unternehmens kritisch.

Einer unserer wichtigsten Werte zu Eingang war Klarheit. Wenn Du Klarheit, Vertrauenswürdigkeit und Professionalität ausstrahlen möchtest, musst Du diese Werte auch selbst verkörpern.

Einen Wert, den Du „ersetzen" kannst, ist Perfektionismus. Ersetzen deshalb, weil Perfektionismus an sich gar nicht das Problem ist, sondern unsere auf alten Mustern beruhende Interpretation davon.

"Ich muss perfekt sein!"
"Das sieht noch nicht gut genug aus!"
"Fehler sind mir peinlich!"
"So kann ich doch damit noch nicht rausgehen!"
„Ich muss das noch besser vorbereiten!"

Formulierungen wie diese, die Du vielleicht so oder so ähnlich auch kennst, deuten darauf hin, dass auch Du ungesunden Perfektionismus kultivierst.

So sorgt ein innerer Sabotagemechanismus dafür, dass Du

in einer Spirale von "ich bin noch nicht gut genug" gefangen bist.

Das äußert sich wahrscheinlich unter anderem darin, dass Du in Beratungsgesprächen oder in Deinen Angeboten so viel Mehrwert wie nur möglich geben willst.
Dass Du unbedingt als Experte wahrgenommen werden willst und Du Dich deshalb lieber hinter perfekt designten Canva Grafiken versteckst, als als Mensch greifbar zu werden.

Weshalb diese Muster Dir funktional überhaupt nicht dienlich sind, haben wir bereits aufgedeckt.
Wie Du ein Mindset entwickelst, mit dem Du Deinen Perfektionismus für Dich statt gegen Dich arbeiten lassen kannst, schauen wir uns jetzt an.

Lass uns Deinen Ehrgeiz kanalisieren:

"Perfekt ist, wenn ich heute einen Schritt weiter komme, statt nur rumzueiern!"
"Perfekt ist, wenn ich mich überwinde, etwas anders zu machen, als ich es gewohnt bin!"
"Produktiv bin ich auch, wenn ich einen wichtigen Aha-Moment hatte!"
"Mich um meine Haare in dem Video zu sorgen bringt mich nicht weiter und ist daher nicht wichtig!"
"Perfekt ist, mein Ziel zu erreichen!"

Ein Schritt nach dem anderen.

All das, was Du hier bisher mitgenommen hast ermöglicht Dir, die wirre Welt des Marketing und Businessaufbaus in bezwingbare Schritte herunterzubrechen.

Lass Deinen Ehrgeiz darauf los, Dir Deine Tage künftig so zu planen, dass Du jeden Tag etwas unternimmst, das Dich einen Schritt weiterbringt.

DEIN PERFEKTER NÄCHSTER SCHRITT

Viele fragen mich auch "Barbara, wenn Du jetzt an meiner Stelle wärst, was würdest Du tun?"

Und die unbequeme Wahrheit ist, dass sehr oft das größte Wachstumspotenzial in dem liegt, was man schon lange bewusst oder unterbewusst aufschiebt.

Wir Menschen sind unglaublich gut darin, uns selbst zu vergackeiern. Verarschen will ich hier nicht schreiben.

Vor allem, wenn man alleine arbeitet, ist man sowohl derjenige, der die schwierigen Aufgaben als Unternehmer ins Auge fassen, als auch der, der sie ausführen muss. Und das ist anstrengend!

Geh IMMER davon aus, dass Du betriebsblind bist. Jeder hat blinde Flecken, das ist einfach eine Begleiterscheinung dessen, dass Du so selbständig manövrieren kannst.
Ein guter Deal, versteh mich nicht falsch.
Aber halt ein Deal.
Du bist wie Truman, der sich selbst seine Scheinwelt baut.

Und Du baust sie verdammt überzeugend.
In den vorhergehenden Kapiteln haben wir schon ein paar dieser Symptome beleuchtet:

"Ich will nicht zu verkäuferisch wirken. Deswegen überfrachte ich meine Community nicht mit Angeboten."

"Ich will, dass die Menschen auf mich zukommen. Deswegen poste ich nur und warte, bis sie genug Vertrauen aufgebaut haben."

"Bestimmt können sich meine Kunden nur meine kleinen Angebote leisten. Ist auch ok, ich freue mich auch, wenn es nur ein kleiner Abschluss ist."

"Ich will meinen eigenen Weg intuitiv finden. Deswegen probiere ich gerade viel aus!"

Ich bin in meiner Funktion als Coach mit diesem Buch dafür verantwortlich, dass Du eine Perspektive von außen dazu gewinnst.
Dass Du Deine blinden Flecken erkennen kannst.
Wahrscheinlich liegt gerade etwas, was Dir Erfolg bringen würde, so nahe.
Zu nahe, als dass Du es sehen könntest. Direkt vor Deinen Füßen, während Du geradeaus schaust.
In Deinem toten Winkel.

Ohne Deine Situation aktuell genau zu kennen, geh mal dieses folgende Gedankenspiel mit.

Lass uns die Statements von oben einmal radikal umdrehen:

"Ich möchte meinen Stil zu verkaufen, bzw. kaufen zu lassen finden. Ich weiß, dass ich negative Glaubenssätze zum Thema Verkaufen habe und ich möchte diese heilen. Ich weiß, dass ich vermutlich eine negative Ausstrahlung in Verkaufssituationen habe, wenn ich da noch selbst meine Päckchen zu tragen habe."

"Ich möchte in die Anziehung kommen und Menschen proaktiv einladen. Ich reiße die Tür zu meinen Angeboten auf! Mit verschränkten Armen dasitzen ist nicht der Weg zur Anziehung."

"Meine Lieblingskunden sind die Menschen, die auch zu der Art passen, wie ich gerne arbeite. Menschen, die sich mein Angebot nicht leisten können oder wollen, sind nicht ganz meine Lieblingskunden. Es gibt immer Menschen, für die der Preis nicht das Thema wäre. Vielleicht muss ich nochmal auf meine Zielgruppe und Lieblingskunden schauen."

"Ich habe eine Tendenz zu glauben, dass ich alles schon weiß. Außerdem habe ich Erfahrungen gemacht, dass mich andere schlecht beraten haben. Ich darf aber nicht blind für gute Impulse von außen werden. Ich suche nach wie vor nach einem Weg, der zu mir passt und tue das aktiv. Ausprobieren ist Prinzip Hoffnung."

Und der wichtigste Hinweis zum Schluss:
Schau, dass Du in die aktive Handlungsposition kommst.
Willst Du etwas bewegen, suche Dir einen Hebel, der tatsächlich wackelt!
Teste nicht zu lange herum und "warte mal ab, ob langfristig was passiert".

Willst Du wissen, was Menschen von Deinem Angebot halten?
Frag sie!
Geh auf sie zu!

Hört Dir in Deiner Community niemand zu?
Aktiviere sie, statt sie zu überfrachten oder sorge dafür, dass Deine Community wächst und hole die richtigen Leute zu Dir!

Willst Du Deinen Umsatz steigern, dann überlege Dir, wen Du schon kennst, der eventuell Bedarf hat.

Starte unperfekt.
Aber sorge dafür, dass Du etwas tust, das etwas bewirkt.

Natürlich darfst Du auch mal ausprobieren.

Auch mal "reinfühlen".

Aber habe dann nicht den Anspruch, dass das gerade Deine aktive Phase ist. Willst Du mal warm werden auf einer Plattform hat das noch nichts damit zu tun, dass Du etwas tatsächlich Produktives machst.

Das ist ja auch völlig in Ordnung!

Zum Problem wird es nur, wenn "eigentlich" ins Spiel kommt.

Du probierst gerade ein wenig aus, fühlst mal rein, **aber eigentlich** wäre es schon, wenn...

Wenn Du ein bestimmtes Ergebnis haben möchtest, dann arbeite darauf zu.

Beobachte die Auswirkung, die konkrete Handlungen haben. Und bewerte sie nach ihrem Erfolg.

Tust Du die richtigen Dinge, stellen sich bemerkbare Veränderungen fast sofort ein. Das ist aus meiner Erfahrung fast immer so. Es gibt immer einen Output, den Du auswerten musst!

Ansonsten verdaddelst Du Zeit und Potential.

Zieldefinition.
Strategieauswahl.
Umsetzung.
Reflektion.
Optimierung.

Und das immer und immer wieder in kurzen Zyklen. So baust Du Dir aus Deiner Marketingstrategie ein Vehikel, das Dich wirklich nach vorn bringt.

Nehmen wir an, wir haben eine Situation, die Du vielleicht kennst. Eine Menge lose Enden, viele Ideen, ein paar erste Erfolge aber mindestens genauso viele Fragen und Selbstzweifel.

In dem Fall ist schonmal eins klar: Einfach machen ist besser als nichts machen. Also trau Dich, unperfekt loszugehen.

Viele verwechseln diesen ersten Schritt aber mit einem Laufband.

Unperfekt starten heißt nicht, dauerhaft so weiter herumzueiern.

Das war übrigens eine meiner ersten persönlichen Erkenntnisse. Ich bin nicht der Typ fürs "Ausprobieren". Da kenne ich mich zu gut. Ich brauche Fortschritte und Erfolgserlebnisse, um am Ball zu bleiben.

Und vielleicht bist auch Du inzwischen vom anstrengenden auf der Stelle treten erschöpft.

Dann analysiere, was Du gerade den Tag über tust, und bewerte objektiv, ob das einfach Beschäftigung oder tatsächlich Fortschritt ist.

Eine große Mindset Falle, wenn es noch nicht rund läuft, ist außerdem, dass vor allem ehrgeizige Scanner Persönlichkeiten mit einer Prise Perfektionist den Fokus auf das legen, was noch nicht da ist:

Die Community ist noch zu klein.

Beim Online Workshop waren nur 3 Leute da.

Ich hab zur Zeit ja nur Bestandskunden und gewinne keine neuen.

Mein neues Angebot verkauft sich noch nicht gut genug.

Meine Lösung dafür lautet:

Work with what you have!

Arbeite mit (und konzentriere Dich auf das), was da ist. Damit schlägst Du mehrere Fliegen mit einer Klappe:

Du lenkst Fokus auf die kleinen Erfolge. Where focus goes, energy flows. Und Du wirst Dich automatisch richtig ausrichten, bessere Entscheidungen treffen und mehr davon anziehen.

Du entdeckst außerdem leichter Entwicklungspotentiale, wenn Du Dir überlegst "Und wie vermehre ich das?" Statt "Warum ist das noch so wenig?"

Und ganz ehrlich: Du wirst sofort mehr Umsatz machen! Denk an das Beispiel mit den 3 Workshop Teilnehmern. Du

kannst entweder enttäuscht ein paar Follow up Emails raus-
schicken, oder Du schreibst ihnen direkt und erzählst ihnen
von den Ideen, die Du im Nachgang des Workshops noch
für ihre Situation hattest und ob sie in den nächsten Tagen
telefonisch erreichbar sind, wenn sie die hören wollen.

Was glaubst Du, hat mehr Erfolgschance?

Und, bevor sich Deine Glaubenssätze zum Thema verkaufen
melden: Natürlich würde ich so nie jemanden nachfassen,
der im Workshop absolut kein Interesse gezeigt oder defini-
tiv keinen Bedarf hat.

Aber falls die Möglichkeit besteht, dass Dein Gegenüber
gerne Dein Kunde für weitere Projekte werden würde, ist
der eine Weg doch viel schöner, respektvoller, schneller und
individueller als der andere.

Speise Deine Lieblingskunden in spe nicht mit ein paar
Emails ab. Kümmere Dich um sie und nimm den Support
nach dem Workshop ernst.

Diese Deep Dives in bestimmte Situationen sollen Dir immer
wieder ermöglichen, Deine bisherigen Glaubenssätze und
eingeschliffenen Handlungsmuster zu erkennen.
Und sie dann auch zu Deinen Gunsten zu verändern!

Sprechen wir kurz über das Thema Intuition:

Du hast in Deinem Leben gelernt, dass es oft eine gute Strategie ist, Dir zu vertrauen und Deiner Nase nach zu gehen. In vielen Projekten bisher warst Du die Schnellste, in anderen die Kreativste und einige Deiner wildesten Ideen wurden Deine besten.

Du bist es gewohnt, alleine zu arbeiten und Deine Intuition hat in vielen Bereichen reichlich Futter bekommen, um sich prächtig zu entwickeln.

Nur... wie läuft es denn so im Marketing?
Da höre ich öfter Aussagen wie:

"Bei mir selbst kann ich nicht objektiv denken."
"Ich habe jeden Tag eine neue Idee, und die ist dann noch besser als die alte!"
"Ich muss einfach noch ein bisschen üben."

Mal abgesehen davon, dass Fehler machen natürlich erlaubt und erwünscht ist, sofern man auch aus ihnen lernt und Konsequenzen zieht; In einem Schulprojekt, einem Hobby oder Deiner Zeit als Angestellter ist Üben um des Übens Willen ja in Ordnung.
Vielleicht hattest Du sogar eine Phase in Deiner Selbständigkeit, wo Du durch die Unterstützung Deines Partners, eines Jobs oder anderer Sicherheiten ruhig ein bisschen üben konntest.

Aber die Zeit ist doch jetzt vorbei, oder? Ich hoffe, Du hast Dir dieses Buch nicht angeschafft, um am Ende wieder in den alten Trott zurückzukehren.

Denk an meine Worte aus der Einführung:

„Dein Commitment macht den Unterschied, ob dieses Buch am Ende in Gold aufgewogen wird, oder ob diese Zeilen das Papier nicht wert sind, auf dem sie gedruckt sind."

Steh Deiner Intuition zu, dass sie sich entwicklen darf. Dass sie bisher eben noch nicht die richtige Erfahrungs- und Wissensgrundlage hatte, um für Dich arbeiten zu können.

Deine Intuition ist unglaublich stark von Deinen Glaubenssätzen und Deiner inneren Haltung beeinflusst.
Wenn Du das Gefühl hast, Du kannst Deine eigenen Ideen nicht objektiv betrachten, dann kann es auch Deine Intuition nicht.

Deine Intuition wird Dich umso besser leiten, je weiter Du kommst. Aber sie von Anfang an als der Weisheit letzter Schluss zu sehen bei einem Thema, in dem Du Dich fachlich kaum auskennst, ist etwas kurzsichtig.

Anders ausgedrückt:
Kann man so machen, ist halt blöd.

Nochmal anders:
Dann wirst Du für immer Potential verschenken.

Lies dieses Buch, so oft Du musst, um echte Veränderungen in Deinem Denken und Handeln zu beobachten. Wahrscheinlich hast Du es jetzt nach ein paar Stunden verschlungen und bist schon dabei, Deine Notizen zu sortieren. Toll! Lass aus diesen Notizen einen Plan werden, bau Dir Deine Treppe und ernte, was Du auf dem Weg säst!

Wenn Du nur eine Sache aus diesem Buch umsetzt, dann lass es das **"magische 3 Phasen Story Tool"** sein - wenn Du schon in irgendeinem Maße eine Community hast, wird sie Dir sofort Erkenntnisse und vielleicht, mit etwas Übung ganz sicher, neue Kunden bringen.

Als Leserin dieses Buches hast Du exklusiven kostenlosen Zugang zur Videolektion unter:
www.gerdaxdoris.de/material-zum-buch
Oder scanne diesen QR Code mit Deiner Handy Kamera:

Ich bedanke mich für Deine Entscheidung, Deine Zeit in dieses Buch zu investieren und wünsche Dir viel Spaß und Erfolg bei der Umsetzung.

Vielleicht begegnen wir uns ja eines Tages persönlich, auf Instagram, im Supermarkt, oder in einem meiner Coachings.

Dann bin ich schon gespannt, von Deiner spannenden Reise zu hören.

Bis dahin, herzliche Grüße
Deine Barbara
von gerdaxdoris

Für schnellste Ergebnisse:

UMSETZUNGS-CHECKLISTE

Zielgruppendefinition und User Journey (Treppe)

O Definiere den Persönlichkeitstyp Deiner Zielgruppe nach den verschiedenen Modellen. (Siehe Seite 26ff)

O Beschreibe die Hürden und Entscheidungshebel.

O Beschreibe den individuellen Aufbau Deiner Treppe möglichst genau.

Positionierung

O Wie will sich Dein Kunde durch Eure Arbeit fühlen?

O Beschreibe mindestens 5 Situationen aus der täglichen Lebensrealität Deiner Lieblingskunden. Was treibt sie um?

O Welche Facette Deines Könnens eignet sich am besten, um darauf ein lebensfähiges Business aufzubauen?

Kommunikation, Glaubenssätze & Klarheit

O Welche Glaubenssätze hast Du bei Dir identifiziert?

O Arbeite mit den Kapiteln ab Seite 70 daran, sie aufzulösen.

O Was ist Dein Hauptangebot, das Du primär verkaufen willst?

O Wohin leitest Du die Community? (Landingpage, etc.)

Contentplanung & Contenterstellung

O Was willst Du mit Deinem Content aktuell erreichen?

O Was ist Dein größter Flaschenhals im Moment?

(Mögliche Ziele/Flaschenhälse: Mehr Reichweite, Follower-aufbau, Interesse erzeugen, Kaufinteresse, Abschlüsse.)

O Welcher Kanal bzw. welches Format ist zur Erreichung dieses Ziels am besten geeignet? (Siehe Seite 111ff)

O Was ist die Absicht des Contents und wie führe ich den User zur nächsten Handlung? (Siehe Seite 120ff)

O Übe alle 3 Phasen der 3 Phasen Story. (Siehe seite 138)

O Ist Dein Equipment und Dein Design auf dem richtigen Stand? (Siehe Seite 149ff)

Angebot & Verkauf

O Was unterscheidet Deinen Wunschkunden von Deiner Zielgruppe?

O Wie sieht Dein ideales No Brainer Angebot aus? (Siehe Seite 170ff)

Scanner Mindset

O Wie sieht Deine für die Umsetzung ideale Tagesplanung aus?

O Was ist Dein nächster, wichtigster Schritt? Gehe ihn heute an! (Siehe Seite 198ff)

MEINEN HERZLICHEN DANK...

... Möchte ich allen aussprechen, die dieses Buch ermöglicht haben.

Allen voran danke ich jenen, die mir geholfen haben, es zu schreiben: Meinen Lieblingskunden! Ihr inspiriert mich jeden Tag, alles aus meiner Expertise herauszuholen und ich brenne für Euch und Euren Erfolg!

Ganz besonders danken möchte ich an dieser Stelle meiner lieben Tanja Nepute, Verfasserin der wundervollen Zeilen, die auf der Rückseite dieses Buches zu lesen sind. Als Top-Coach und Expertin für Hochbegabte mit hochsensiblem Temperament führt sie Dich durch berufliche und persönliche Herausforderungen und hilft Dir dabei, Deine Hochbegabung als die große Stärke zu nutzen, die sie ist! Du fühlst dich oft nicht verstanden? Tanja nimmt Dich an die Hand und führt Dich, spricht Deine Sprache und bringt Dich zu Selbstwirksamkeit und Erfolg. Du findest sie unter: www.tanja-die-mentorin.de

Liebe Tanja, vielen Dank für das wundervolle Feedback. Es ist mir das größte Geschenk, Expertinnen wie Dich zu begleiten und gemeinsam unsere Erfolge zu feiern!

Danke auch an meine Eltern, die mich bei jedem neuen Projekt unterstützen. Wegen Euch ist mein Weg eben und „steinchenfrei".

Und ich danke meinem wundervollen Mann Simon, der mich auf meiner beruflichen und vor allem persönlichen Reise begleitet, mein Ratgeber ist und mir in der Umsetzung meiner kühnen Ideen hilft.

Euer Glaube an mich lässt mich Berge versetzen.

Ich hab' Euch so lieb!

Danke an alle Testleser, vor allem an Omi!

Und ein kleines Augenzwinkern soll durch das Raum-Zeit-Kontinuum auch an mich selbst gehen.

Mein Kindheitstraum war es, zu schreiben. Und über herrliche Umwege und Abenteuer bin ich genau da gelandet, wo ich hingehöre.

Schreiben wir Hand in Hand das nächste Kapitel.

BARBARA IHLENFELDT berät seit sieben Jahren Unternehmen und Selbständige in Online Marketing und Social Media Strategien.

Mit ihrem Abschluss in Interaktionsdesign (BA) und Digitaler Transformation (MBA) iund ihrer langjährigen Erfahrung ist sie gefragte Expertin auf dem Gebiet der Nutzerpsychologie und im Content Marketing.

Barbara lebt im Süden Deutschlands mit ihrer Familie und den beiden Katzen Oskar und Sammy und reist digital zu ihren Kunden nach Finnland, Spanien, nach Österreich und in die Schweiz.
Und manchmal auch nur ein paar Meter über die schwäbische Alb, nach Ottenbach.

www.gerdaxdoris.de

hello@gerdaxdoris.de

Instagram, Facebook, LinkedIn: gerdaxdoris

Tiktok: gerdaunddoris